拯

社交
"脸盲症"

救

杨扬

著

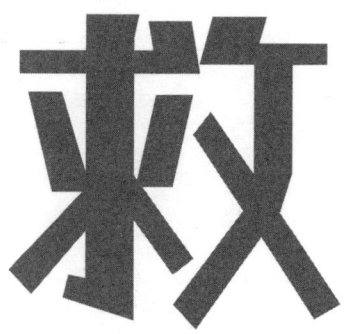
中国华侨出版社
·北京·

图书在版编目 (CIP) 数据

拯救社交"脸盲症" / 杨扬著. —北京：中国华
侨出版社，2019.1（2024.2 重印）
ISBN 978-7-5113-7801-9

Ⅰ.①拯… Ⅱ.①杨… Ⅲ.①社会交往—通俗读物
Ⅳ.① C912.3-49

中国版本图书馆 CIP 数据核字（2018）第 291543 号

拯救社交"脸盲症"

著　　者：杨　扬
责任编辑：黄振华
封面设计：朱晓艳
经　　销：新华书店
开　　本：710 mm×1000 mm　1/16 开　　印张：14　　字数：170 千字
印　　刷：三河市富华印刷包装有限公司
版　　次：2019 年 1 月第 1 版
印　　次：2024 年 2 月第 2 次印刷
书　　号：ISBN 978-7-5113-7801-9
定　　价：49.80 元

中国华侨出版社　北京市朝阳区西坝河东里 77 号楼底商 5 号　邮编：100028
发 行 部：（010）64443051　　　传　真：（010）64439708
网　　址：www.oveaschin.com　　E－m a i l：oveaschin@sina.com

如果发现印装质量问题，影响阅读，请与印刷厂联系调换。

前　言

你生活着，却被漠视；

你参与着，却被忽视；

你想方设法地想要与别人走在一起，别人却好像对你患了"脸盲症"一样，视若无睹，形同陌路。

你的价值总是得不到重视，因而出头无日；

你的优点一直得不到肯定，因而自信全失。

你感到自己越来越像个无声无息的影子，没有存在感，孤独寂寞。

如果你不能解决这些问题，那么你就会成为问题！经常性被人忽视，存在感缺失。存在感对我们来说意味着什么？是生命得到认可的自豪感与尊严感，是生命被需要的满足感与幸福感。

在职场中，存在感是获得认可、得到提升的决定因素；在社交中，存在感是彼此产生吸引的首要条件。我们身边存在的很多问题，都是由于存在感缺失引起的。没有存在感，就没有社交效率。无效社交直接导致你与人之间的隔阂日渐加深，进而影响生活。当一个人失去有效社交的能力时，就会阻碍前进的步伐。

一个人的成功、成长都离不开人际交往，甚至一个人的喜怒哀乐也会与他人息息相关。因此，我们每个人，尤其是那些容易使别人产生“脸盲症”的朋友，都应当对社交艺术进行更深入、更细致的研究和学习。努力建立起自己的存在感，有了这种思维和技能，你就能够聚集人气，进而铸造人望。

为此，我们就不得不从多方面的角度来思考这个问题：主体、客体、口才、心理、心态、语言、形象、环境等各方面的要素都会影响我们社交的成败。为了更好地掌握这些影响因素，本书立足于人际交往的实际，将内容涵盖到社交心理学—社交技巧学—社交口才学等诸多个阶层面，引导读者深入解析领会、维护良好人际关系的关键和重要法则，帮助读者学会真正有效的社交，从而提升个人存在感，强化社交魅力，增强驾驭人际关系的能力，将很多表面上看起来不起眼的东西整合成为我们自身的资源，让你在生活和事业上如鱼得水、越走越远。

目 录

一见如故，相见恨晚，茫茫人海得一知己或是朋友，历来被视为人生一大快事。而要与素昧平生者打交道，关键是给对方留下明亮的第一印象，让人只需一眼就能记住你。好的开始是成功的一半，走好了第一步，对于未来的交往会有莫大的助益。

第二章

别独自用餐

——不懂融入的人，只能被不断边缘化

社交是一个很广泛的定义，其中最主要也最重要的就是交友。社会资源通过社会网络分布，拥有社会网络便易于得到社会帮助，没有朋友或是朋友圈太小，必然使自己的社会处境受到局限。而交友的状况，首先取决于想要交友的强烈愿望，然后才有培育技能的可能。

第三章

天下没有陌生人

——跨出交友"舒适区"，扩大你的朋友圈

很多人对与陌生人接触都有一些抵触心理，不是胆怯就是不屑，或是无从谈起。但是，我们一定要认识到，与陌生人沟通、来往是个绕不过去的坎、非跨不可的沟，只有正视它、面对它，更重要的是还要明白怎么做，才能真正帮助你建立好社会关系。

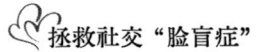

第四章

突出个性色彩
——用人格魅力，铭刻属于你的社交印迹

个性，就是我们区别于他人的独特精神面貌，包括性格、能力、气质等。心理学家指出，人们对于初次交往的人，印象只会做短暂存留。按照莱斯托夫效应的观点，如果你想让别人长时间记住自己，就必须突出自己的个性和特色，让自己最突出的个性成为对方记忆的焦点。

第五章

拿价值换印象

——积极的付出，帮你赢得丰富的社交资源

社交法则说起来很现实也很简单，就是彼此间价值的互换。成功人士之间的社交关系，除了志趣相投，大部分是彼此拥有可用于交换的价值，比如你有资源，我有想法，他懂投资，在这个互联网社会，社交最重要的体现就是有效的联结。

第六章

强化自我存在感

——有效推销，让自己的存在举足轻重

拥有社交魅力的人走到哪里都有很强的存在感，这种存在感来源于做人的态度、做事的风格。他的一举一动、一言一行，无不体现着他存在的意义，表现着他个人的重要性。如果你能给人一种——"他就是我要找的人！"的感觉，你就赢了！

第七章

培养敏锐洞察力

——知人知心，是深入发展的前提

"百智之首在于识人"，我们身处的这个社会纷繁复杂，每个人都会不由自主地将真实的自己伪装起来，戴着面具与人交往、共事和竞争。若我们不能掌握一眼看穿他人的本领，那么就很难辨清他人的性格和心理，就无法找到与他人正确相处的方式，赢得他人的赞赏和认同。

第八章

掌控话语权

——把你的见解观念，提升到备受重视的程度

　　一个人社交能力的高低，主要取决于他说话艺术的高低。有人说，是人才未必有口才，而有口才者必定是人才。当今，语言表达能力已成为现代人必备的重要能力。口才的作用已渗透到当代生活的各个领域。练就一副好的口才，必将会使你在社会交往中如虎添翼，游刃有余。

第九章

杜绝无效社交
——陪你到最后的，才是生命中最爱你的人

网上曾流传一张很火的图——"你是砍柴的，他是放羊的，你和他聊一整天，他的羊吃饱了，你的柴呢？"此图想表达的观点很简单——杜绝无效社交。无效社交是指那种无法在精神、感情、工作、生活上给你带来任何愉悦感和进步的社交活动。

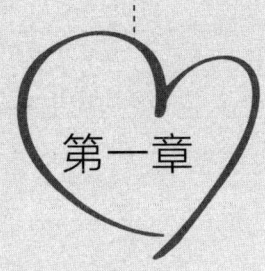

第一章

一见如故的秘密

——为什么有人只需一眼，就被人牢牢记住

　　一见如故，相见恨晚，茫茫人海得一知己或是朋友，历来被视为人生一大快事。而要与素昧平生者打交道，关键是给对方留下明亮的第一印象，让人只需一眼就能记住你。好的开始是成功的一半，走好了第一步，对于未来的交往会有莫大的助益。

最先深入人心的，是形象

在日常生活中，我们常常听到这样的劝告：不要以貌取人。但是经验告诉我们，人们很难做到不以貌取人。从人的审美眼光出发，爱美之心人皆有之，人们对美的认识，很多时候是从第一印象中产生的，而人的外在形象恰好承载了这一任务。

美国的心理学者雷诺·毕克曼做了以下有趣的实验：

在纽约机场和中央火车站的电话亭里，在任何人都可以看到的地方，放了一角钱，等到有人进入电话亭，约2分钟后便敲门说："对不起，我在这里放了一角钱，不知道你有没有看到？"结果退还硬币的比率，询问者服装整齐时占77%，而询问者衣着较寒酸时则占38%。

进入电话亭里的人在被服装整齐的人询问时，可能会察觉服装整齐的人可能跟自己说了很重要的话；而面对衣着寒酸的人，因为在不想接触的念头下，不想去理会对方的问题，所以根本没有听清楚他说的话，就开口回答"没有"，试图赶走对方。

一位美国社会学家也做了类似的一个实验：一名实验者被安插进"纽约城公司"总部，他穿着一双黑色的、饰有大白鞋扣、鞋跟磨坏的皮鞋，一件俗气的青绿色上衣和一条印花棉布领带。

到了总部之后，这名实验者先让前 50 名秘书把他的公文箱取回来，结果这 50 名秘书中只有 12 个人听从了他的吩咐。在后来的实验中，他穿上了华贵的蓝上衣、白衬衫，系着一条圆点丝质领带，脚上穿着一双高档皮鞋，发型整齐。在后面的 50 个秘书中，有 42 个人遵从了他要求的服务。

英国一位心脏病医学专家认为，整洁的外观和干净利落的外表对心脏外科医师来说是极为重要的。"你可称其为虚荣，但是我认为，那却是有关自尊心的问题。"他说道，"我认为，如果我打算给我的病人诊视，告诉他们如何料理他们自己，而在与他们谈话时，他们看到我身体短粗肥胖，嘴角衔着根香烟，他们肯定会对我失去信任……没有谁想让一位作风邋遢、不修边幅的外科医生给自己做手术。"

对新入职的推销人员来说，他们可进行的最行之有效的投资之一，就是给自己买两件值钱的衣服。这两件衣服的价格要超过一小衣橱式样、风格平平的二流服装。如果预算吃紧，宁可买下这两身衣服，在每周的工作中交替着穿，也不要多买几身廉价服装，因为它们不利于建立你所希望的那种形象。

形象是一个人仪表、气质、性格、内心世界的综合反映，人们通常是通过你的外在形象去了解你这个人的。因此，我们要重视对自己形象的包装修饰，这样你才能让自己出彩，在众人当中，出类拔萃，鹤立鸡群。

一瞬间就能决定好感度

人际交往的第一步往往从结识陌生人开始。珍惜并注意给人们留下完美的第一印象，有助于你拥有一个好的人际关系。因为第一印象永远不能改变和磨灭。

人们的社交范围不会仅仅局限于熟悉的人或环境。每天，人们在参加宴会、乘车坐船、住宿旅游等场合，都不可避免地会与陌生人交往。

而在人际交往中，人们历来都很重视给对方留下良好的第一印象。这是由于给他人的第一印象对一个人形象的形成起着先入为主的作用。专家认为，良好的第一印象，既是一张很好的社交名片，同时又是一张很有权威的介绍信。

时髦的"8分钟约会"集征婚与游戏于一体，把爱情转化为数学上的排列组合。在最初见面的7秒钟里，大部分人就已经做出了是否与对方继续交往的决定，某些人甚至只需3秒钟，因此，我们将它称为人际交往的7秒钟原则。

一个人在与别人交往时，倘若没有把握好这7秒钟，第一印象肯定会不满意，如要挽回，则需要在以后付出很大的努力，这一点每个人都要引起足够的重视。

一、要获得良好的第一印象，请注意自己的装扮。

很多大公司对自己职员的装扮都制定了统一的"标准"，所谓标准自然不是指穿着好看或指定某种衣料服饰，而是"观感"的"水准"。

专家们认为，人们在参加社会活动之前对衣饰应注意六点：鞋擦干净没有；裤子拉链拉好没有；衬衫扣子扣好没有；胡子刮过没有；头发梳好没有；衣服有皱褶没有。

　　有一家保险公司的市场调查人员发现，他们对农民进行劝说让其买保险时，穿戴整齐者比穿着不整齐者业绩上好得多。由此可见，虽然农民们对于保险的作用了解不多，但对穿着整齐的人，总是较有信赖感的。

　　我们在进行工作时，应该重视一下现实，要推己及人；否则，迟早要经受一些不必要的失败。

　　二、放松心情。要使他人感到轻松自在，前提是自己必须表现得轻松自在。

　　无论遇到多么严重的事情，心理上都要尽量放松。养成亲和力，不要总是神情严肃，或做出一副苦闷的样子。因为对方并不是总愿挨批评或做你的出气筒。你应该把心情放松一下，否则他人会对你感到厌倦。

　　当然，笑容也十分重要。最好的笑容是发自内心的、是温和自然的，并不是勉强做出来的。

　　还有就是保持自我本色。那些懂得与人交往的人，永远不会因场合不同而改变自己的性格。保持真我，保持最佳状态的真我才是给人留下美好印象的秘诀。不管是与人私下交谈，还是发表演说，都要保持自己的本色不变。

　　三、注意发挥自己的长处。当你能够充分地发挥自己的长处时，他人就会很乐意跟你在一起，并容易同你亲近或合作。

　　一个人要了解自己，发扬自己的特点，如外貌、说话速度、精力、声音的高低和语气、动作、手势、神情，以及其他吸引他人注意的能力等。要知道，别人正是根据这些特点来形成对你的第一印象的。由此可见，在人际交往中，要充满自信，并尽可能发挥自己的长处。

四、积极求同，缩短距离。人际交往中有个重要的原则：相似性原则。

双方只要在观点、志向、兴趣、爱好，甚至年龄、籍贯、服饰等方面有相同之处，通常可以拉近彼此间的距离，改善陌生感。

让自己看起来“气度不凡”

形象一如名片，没有它，你或许就会与一次次的机遇擦肩而过。事实上，所有魅力无限的大企业家、行业领袖及政治家等，其言行举止都是经过专门塑造的。

一个对形象注意有加的人，往往会在人群中得到信任，更能在逆境中获得帮助，也必定能够在人生中不断找到成功的机会。事实上，他们是在用自己的形象、魅力影响着别人，最终成就了真正精彩的人生。

在西方流传这样一句名言——“你可以先将自己打扮成那个样子，直到自己成为那个样子。”使自己看起来更像个成功者，这更有助于你打开事业之门，让你在人群中脱颖而出。例如：在选举时，若是你“像个领导”，人们因此会更愿意投你一票；晋升时，若是你“像个主管”，你更容易地得到老板及同事的认可；在商业往来中，若是你"像个成功的商人"，对方会更愿意相信你的公司，也愿意与你洽谈贸易。

英国著名学者尼克森表示："人们常用三个词汇描述成功者——性格、能力、形象。这是因为人们已在潜意识中为成功者做好了定义，而当今的管理界刻意回避对成功者外在形象的研究，这是背离现代管理思想的。"志在成功的人，倘若只专注于能力培养，却忽视形象塑造，其成功速度必定会受影响。

艾斯蒂·劳达有"化妆品王后"之称，她身价高达数十亿美元。此外，她耀眼的形象、无可阻挡的魅力、高贵典雅的气质、不俗的谈吐，更是令人倾慕不已。

艾斯蒂·劳达的教育程度不高，起点也很低，主要是为叔叔研制的化妆品做推销工作。为此，她必须顶风冒雨走街串巷，其中艰辛自不必说，但劳达从未抱怨过。在经过一段时间的历练以后，她积累了一定的人生经验。于是，她建议叔叔研制一些高档化妆品，并开始向上流社会进行推销。不过，这一措施并没有得到良好的收益，劳达很想弄清其中缘由。

于是，在被一名贵妇拒绝以后，她鼓起勇气问道："我很想知道，您为什么要拒绝我的产品呢？是因为我的推销技巧很差吗？"

对方开诚布公但略显尖酸地回答："这与推销技巧无关，而是你的问题。必须承认的是，你给人感觉就是档次很低，这又如何让我相信你的产品呢？"

劳达顿时有一种受辱之感，但她知道，自己已经找到了问题的根源——产品档次的高低，取决于推销人的档次。

她狠下心要对自己进行"整容"。于是，她开始刻意模仿名流女性，效仿她们的穿着打扮以及言谈举止。不仅如此，她还意识到，塑造不能仅限于外表，而应更加注重塑造内在美。基于此，劳达有意识地培养自己的自信心，同时也非常注重知识的丰富与提高。

一段时间过后，劳达拥有了自己的魅力，她练就了容貌与气质的结合，感性与知性的统一，成了一名内涵丰富、举止优雅的迷人女性。她开始走进上流社会，向名媛贵妇们推销自己的产品，并获得了前所未有的成功。

形象并不单单是指穿衣、外表、长相、发型、化妆等，它是一个综合概念，是一个人外在魅力与内在魅力的整体体现；形象并不局限于漂亮的脸蛋、傲人的身材、醉人的微笑，更包括人生思想、追求抱负、价值观、人生观等。从某种意义上说，塑造形象就是与社会进行沟通，并为社会所接受的一种方式。

对于社会交往而言，你给陌生人的第一印象非常重要。对方只有在认同和接受你的时候，你才可能顺利地进入对方的世界，很好地与对方交往，从而消除与陌生人之间的生疏感，而这一切的获得在很大程度上与你展示在陌生人面前的个人形象有着很大的关系。

不修边幅，怎能让人刮目相看

如果我们自我形象很随意，不修边幅甚至蓬头垢面，那么在社会活动中，在与别人的交往中，你的个人魅力和交际效果就会大打折扣，因为这是一种很无礼貌的表现，对方会认为你并不重视自己。

软件界的传奇人物比尔·盖茨深知这一点，他很注重自己的形象，曾经请专家对自己的形象进行设计、包装与宣传。尽管人们已熟悉了比尔·盖茨平时随意甚至不修边幅的形象，但在重要的场合和时刻，比尔·盖茨会特别注意自己的形象。

有一次，他将要在拉斯韦加斯发表演讲。但是，演讲并不是盖茨的长项。为了使自己以更好的形象出场，使自己的演讲产生更大的影响力与传播力，比尔·盖茨专门请来了演讲博士杰里·韦斯曼为自己的演讲做指导。

韦斯曼在演讲辅导方面是一位专家，经验非常丰富，曾经帮助几个IT界公司的高层经理克服对演讲的恐惧感。他对盖茨的演讲从讲稿到手势、表情，都做了重新设计，他们在一起排练了12个小时。最后盖茨演讲时，熟悉盖茨的人都非常吃惊。只见盖茨一改往日随意的形象，穿了一套昂贵的黑西服。他那尖锐的嗓音虽然无法改变，但丝毫没有影响到他的演讲。结果，这场主题为"信息在你的指尖上"的演讲传遍美国，获得了巨大的成功，而盖茨的形象魅力值也迅速得到了提升。

可见，一个人的外貌对于人本身有很大的影响，穿着得体的人给人的印象就是在说"这是一个重要的人物，聪明、成功、可靠。大家可以尊敬、仰慕、信赖他。他自重，我们也会尊重他"。

试想，一个衣冠不整、邋邋遢遢的人和一个装束典雅、整洁、利落的人在其他条件差不多的情况下，同去办一样的事情，恐怕前者可能会受到冷落，而后者更容易得到善待。特别是到一个陌生的地方办事，怎样给别人留下一个美好的第一印象十分重要。世上早有"人靠衣装马靠鞍"之说，一个人若有一套好衣服配着，仿佛把自己的身价都提高了一个档次，而且在心理上和气势上也会增强自己办事的信心。聪明的人切莫怪世人"以貌取人"，人皆有眼，人皆有貌，衣貌出众者，谁不刮目相看呢？

而衣冠不整、蓬头垢面马上会让人联想到失败者的形象，但完美无瑕的修饰和高雅的举止，却能使你在任何团体中的形象大大提升。有些人从来没有真正养成过一个良好的自我保养的习惯，这可能是由于不修边幅的学生时代留下的后遗症，或者父母的影响不好，或者他们对自己的重视不够造成的。这些人往往"三天打鱼，两天晒网"，只要基本上还算干净，没有人瞧不起，能走得出去便算了事了。如果你注重自己的形象，良好的修饰习惯很快就能形成。如果你天生一张胡子脸，那也没有办法，但至少你要给人一种你能打点好自己的印象。牙齿、皮肤、头发、指甲的状况和你的仪态都一一表明你的自尊、自信程度。

衣着服饰务必要合群、合体

人体是美的，在古代，原始人类受社会发展条件的制约，着装无意识，这是客观条件造成的。但是，随着人类文明达到一定程度，人体美就不能像原始社会那样毫无掩饰地展示了，必须经过服饰的"包装"，才有美感可言。著名西方美学家格罗塞曾从人类审美心理角度出发做出分析："在较低的文化阶层中，虽不是常穿衣服，但在文明较高的阶层中，衣服已变成男、女两性最不可少的部分。到了这样的情境下，人体的显露就成为不平常的稀奇事儿，而这种习惯冲突，正如其他情形一样，要发生一种交代不过去的尴尬。"可见，着装绝对不是一件小事，它能直接影响到别人对你的印象，影响到你人缘的好坏。因此，如果你想提升社交中公关的效果，那就一定要注意着装的艺术。

章先生是某公司的系统工程师，月收入近万元，是个不折不扣的白领，然而，年过30的他仍旧没有女朋友，在公司内也没人愿意亲近他。这都是由于他太不注意个人形象，衣着总是很邋遢；肥大的T恤衫外罩着一件同样不合身的西装外套，西裤皱皱巴巴，皮鞋常常一两个星期不擦。有一次，老板善意地提醒他注意一下衣着，拉近与公司同事的关系，但章先生却振振有词地辩解说："老板，我相信您聘用我看中的是我的能力，他们这样以貌取人，那我也不屑于与他们为伍！"结果，章先生仍旧穿着乱七八糟的衣服，他也仍旧被排斥在同事圈之外。

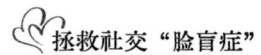

章先生认为不注意着装是个人的事情，对别人没有妨碍。其实这种想法是错的，得体的着装是对别人的礼貌，衣着随便的人很难受到别人的欢迎。

恰到好处的着装可以在人际交往中给人带来美的感受，让人对你产生好感。那么，怎样着装才能充分体现你的个人魅力呢？

从一般的原则分析，以下几点最能展现出服饰的风采，给人以美感：

一、整洁是服饰美的首要条件

无论在何种场合，穿何种衣服，我们都要保证服装整齐洁净。只有如此，才能保证服饰有美感。否则，无论你穿何种品牌、质地、式样、颜色的衣服，都会给人留下不洁、邋遢的形象，也就无所谓服饰美了。

二、协调是服饰美的艺术特征

一个人着什么装，怎样打扮，都必须与个人的性格、气质、职业、年龄以及穿戴的环境、季节相协调，才能与审美要求相符，才能符合社交礼仪的规范，才能给他人以美的感受。

三、着装要与交际环境相协调

与你工作环境不相适应的着装可能是叛逆的标志。例如：一家公司有位年轻、美丽的行政助理，自从她开始与摇滚乐手约会，便逐渐改变了端庄的穿着和职业女性的发型。改变装束是为了在下班后会男友时不必再换衣服。而不幸的是，正当她在事业上渐具竞争力时，却破坏了自己的职业形象。无疑她的优势地位也伴随着她的职业形象一起消失了。

公然违背着装规则会被视为对权威的挑战。无论是女人穿超短裙，袒胸露乳，还是男人经常敞着衬衫领口，穿运动夹克衫，给人留下的印象可能都是："此人对工作不严肃"。不过，即使是办公楼里着装最佳人士有时也会左右为难：因为同时还要避免给人留下仅仅对衣服感兴趣的印象。

总之，我们要以着装向人传达这样的信息为原则："我属于这里""我有独特的判断力和高雅的品位"。

怎样穿，才能让人眼前一亮

一个人的着装如果有问题，不仅自己尴尬，还会引起别人的侧目，导致社交障碍。

衣着是否合适主要决定于你的工作性质。常与别人打交道的工作一般需要着装更加商务、职业化一些。与广告、软件开发或娱乐业人员相比，领导者应该选择较为保守的服装。你穿的衣服应让你安全自如地完成工作中的各种活动。

在许多情况下，当地的气候决定着服装是否适宜。衣服的面料要符合天气的情况，如果你在海南温暖的冬天穿着厚厚的羊皮夹克，人们就会认为你连一些基本的常识都不懂。

衣服上的饰物和其他细节也要与你的职位相称。有一位刚提升为管理人员的工程师穿着背带裤，系着一条领带，还配了块手帕。他的领带和手帕图案虽不完全相同，但是很相配。

不论是去适应一个新的工作环境，还是迁居到一个陌生的城市，你都可以从周围的人们那里获得着装是否合适的提示。

就颜色的搭配而言。服装的色彩在人际知觉中是最领先、最敏感的。在人们认知能力、审美意识以及服装文化的发展过程中，各种不同的色彩被赋予了许多社会含义，人们对色彩的情感、礼仪等心理效应有了共同的认识，并通过教育、传统习惯等方式代代相传。青年人只有按照这种共同的认识标准去选择适当的色彩认同和搭配方式，才能适应和满足公众的审美要求，才算符合着装的礼仪标准。

不同的色彩有不同的象征意义：

红色：象征热情、充满快乐与正能量。在感觉上给人以十分强烈的刺激作用，显示着浪漫、活泼与热烈。因此，红色的服装更显朝气和青春活力。

黄色：象征华贵、明快。但它是一种过渡色，能使兴奋的人更兴奋，活跃的人更活跃；同时也能使焦虑和抑郁的情绪更糟糕。

蓝色：象征宁静、智慧和深远。是一种比较柔和的颜色，它能使人联想到天空和海洋，给人以高远、深邃的感觉。

橙色：象征活力与温暖。是一种明快、富丽的色彩，能引起人的兴奋与欲求，使人联想到阳光。

绿色：象征生命与和平。是一种清爽宁静的色彩，能使人想到青春、活力与朝气。所以，着绿色装会显得年轻和富有朝气。

黑色：既可象征深刻、沉着、庄重与高雅，也可以代表哀伤、恐怖与黯淡，是一种庄重、肃穆的色彩。它能使人们产生凝重、威严、阴森等不同感觉。

紫色：象征高贵和财富。是一种华贵、充盈的色彩，给人以富丽堂皇、高雅脱俗的感觉。

白色：象征纯洁、高尚、坦荡。是一种纯净、祥和、朴实的色彩，给人以明快、无华的感觉。

灰色：象征朴实、庄重、大方和可靠。是一种柔弱、平和的色彩，给人以平易、脱俗、大方的感觉。

选择服装时不但要注意服装颜色的内涵，更要注意服装颜色搭配的协调：

①色彩要与体型协调。体胖者宜深不宜浅，体瘦者则相反，宜浅不宜深。

②色彩要与肤色协调。肤色白亮者，宜选暖色调；肤色较黑者，宜选柔和明快的中性色调。

③色彩要与个性协调。热情活泼者宜选浓艳的活跃的色系；内向文静的才可以选温雅平和的色系；成熟稳重者则首选蓝灰基调的色彩。

④色彩要与环境协调。衣色与所处的自然环境、社会环境都要协调。比如参加葬礼时不可着大红大紫之类艳色服装等。

疏漏卫生细节，社交横生枝节

有些人虽然很注意自己的衣着打扮，但却常常忽略了一些卫生细节。因此，尽管他们衣着得体，脸上挂着灿烂的微笑，但仍然被人视为没有

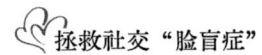

礼貌。由此可见，养成良好的卫生习惯也是非常重要的。发生在推销员小王身上的事情，就很好地说明了这一点。

> 小王是一位日化用品推销员。有一次，她赶去某位夫人家里做产品演示，去的时候小王充满自信，因为这位夫人是一个老客户介绍的，而且对小王公司的产品颇有兴趣，但是不到半个小时，小王就垂头丧气地从那位夫人家中出来了。因为她犯了一个错误。当她做演示时，发现自己右手的指甲缝里沾了不少油污——可能是做家务时留下的痕迹。这些平时不太引人注目的油污，此刻却显得格外刺眼，她感到那位夫人一直在盯着她这只手，于是她只好手忙脚乱地做完了演示，结果不言自明，那位夫人婉转地拒绝了推销，而最让小王难过的是对方看她的眼神，那分明是在告诉她："你不是一个合格的推销员"。

由此可见，不修边幅、不注重个人卫生就会给别人留下恶劣的印象，会直接影响我们的社会活动，甚至导致事业的最终失败。所以，注意卫生细节对于我们而言，是非常必要的。

眼睛：如果刚刚睡醒，一定要好好洗洗脸，特别注意自己的眼角，不要留下昨晚的痕迹。更不要等到你的客户提醒你："你的眼角有东西。"

口气：无论男女，就算不能呼气如兰，至少应该保证没有异样的气味。一口的臭气或大蒜味会让你的客户避你如瘟疫。你可以自己用手轻捂住嘴，张嘴吐气试试看看，有没有其他味道，见客户前，可多嚼口香糖，既清新口气，又清洁牙齿。

颈部：这是另一个容易被忽略的地方。

请你仔细看看，或者请亲近的人帮你看看，你的颈部，尤其是后颈和耳后的位置是不是和脸一个颜色。略黑？那你就应该反省自己洗脸的方式了。洗脸的时候记住顺便洗洗脖子，当然如果你天天洗澡，那实在是一个好习惯，你也不需要担心这个了。

指甲：不要把自己那双指甲里全是污垢的手放在客户面前。那只能告诉你的客户你有多么不讲卫生。

最后，请确认自己的身上没有令人不愉快的味道散发出来。一定要养成勤换内衣裤的习惯，可怕的气味有时候会从里面散发出来，那实在是太尴尬了。如果发现有的话，就赶快换衣服、洗澡，然后用点香水或者香体液。千万不要直接用香水，难闻的体味和香水一旦混合，那是更加可怕的事情。试想，当对方面对着一个浑身散发着臭气的交际对象时，他心中会做何感想？他一定是避之唯恐不及。所以一定要常洗澡，保持身体的干净无异味。

其实对于个人卫生的注意，再多也不过分，我们一定要养成良好的卫生习惯，这样才能获得别人的信任和好感。

风度要不动声色、动人心弦

良好的修养可以作为财富。对于有修养的人，所有的大门都向他们敞开。即使他们身无分文，也随处可以受到人们的热情款待。一个举止得体、谦和友善、助人为乐、颇具绅士风度的人，在人生道路上必定是畅通无阻的。

巴黎有家名为"廉价商场"的商店，店面很大，里面的员工数以千计，商品也应有尽有。这家商场有两个颇具特色的特点：一个是童叟无欺，不管谁来买，商品都是一个价，且价格合理、公平；另一个是，他们非常注重自己员工的素质，员工必须尽一切努力做到让顾客满意。凡是其他商店能做到的，他们都必须做到，还要做得更好。这样，他们就给每一个来过"廉价商场"的顾客都留下了美好的印象。因此，这个商店的生意也是蒸蒸日上，最后还成了全球最大的零售商店之一。

还有一个贫穷的牧师，他的经历也相当奇特。有一次，他在教堂门口看到几个小青年在捉弄两个身着古旧样式衣服的老妇人。他们的嘲笑使老妇人非常窘迫，以致不敢踏进教堂。牧师见后主动带着她们走入里面坐了下来。两个老妇人尽管和这个牧师素不相识，但这之后却把一笔很大的财产留给了他，他的好心得到了好报。

修养本身就是一笔财富。文明的举止足可以起到替代金钱的作用，有了它就像有了通行证一样，随处畅通无阻。有修养的人似乎命运都不错，他们在哪里都能让人感到有如阳光般的温暖，处处受人欢迎。因为他们带来的是光明、是太阳、是欢乐。一切妒忌、卑劣的心理，遇到他们自然也就会举手投降了，你想，蜜蜂又怎会去蜇一个浑身沾满蜂蜜的人呢？

英国政治家柴斯特·菲尔德说："一个人只要自身有修养，不管别人的举止多么不恰当，都不能伤他一根毫毛，他自然就给人一种凛然不可侵犯的尊严，会受到所有人的尊重；而没有教养的人，容易让人生出鄙视的心理。"

说到这里，不禁想起一个故事：

有位男士非常向往绅士风度，于是他来到一座绅士会所，希望能够有所收获。

刚刚进门，一位女侍应生由于走得急，不小心将托盘中的酒洒到了他的礼服上。这位男士眼见自己新做的礼服被弄脏，不禁怒由心生，破口大骂："混蛋！你走路没长眼睛啊！竟然弄脏了我的礼服！真倒霉！"

尽管女侍应生一再道歉，但该男士依旧不依不饶，骂个不停，弄得那女孩子眼泪直在眼眶中打转。这时，会所的女主管走了过来，说道："先生，真对不起，她是刚来的，不懂规矩，我代她给您道歉。"

"道歉？道歉就能让我的礼服变干净吗？它可足足花了我半个月的工资！"说着，该男士又骂了起来。

片刻之后，女主管问道："先生，请问您来这里是做什么的呢？"

"我是来学绅士风度的，谁知道遇上这么个不长眼睛的，真倒霉！"

"那么，我来教您吧。"女主管说着，走到一位正在谈话的男士身边，故意将酒洒在了对方的礼服上。

"哦，先生对不起，我不是有意的。"

对方连忙起身，对女主管施了一礼，关心地问道："您没有碰到吧？"

女主管转向骂人的男士说："你看，这就是绅士风度！"

那位男士满脸羞红，逃也似的走出了会所。

当别人无意中冒犯你时，你是会"得理不饶人"，还是会莞尔一笑？此时此刻，请一定要慎重选择哦！因为这足以体现你做人的风度。

诚然，装扮得漂亮的确是一件好事，会引来大家的交口称赞。但这种外在美毕竟是比较低层次的美，它不应该妨碍我们去追求现实生活中更高层次的美。一些人错误地将所有精力、所有时间以及全部收入都放在了衣着上，却大大忽略了内心的修炼，忽略了他人对我们的要求和期望。这种关心外在胜于关心内在的行为往往是很不可取的。

要知道，良好的举止足以弥补一切自然的缺陷。通常，一个人最吸引人们的，不是容貌的魅力，而是举止的优雅。古时候，希腊人认为美貌是上帝的特殊恩宠，但同时，如果一个徒有美貌的人没有同样美丽的内在品质，就不值得我们欣赏了。在古希腊人的心目中，外在的美貌其实是某种内在的美好气质的反映，这些气质包括乐观、和善、自足、宽厚和友爱等。政治家米拉波是一个有名的丑男，虽说他长相难看，但却没有人不被他的风度所折服。

性格的美就如艺术的美，在于它的少有棱角，线条始终保持连续、柔和的弧形。有很多人的心灵之所以不能更上一层，向世人展示更优美的品质，正是由于个性中存在的棱角太多。无论有什么样出色的品质，一旦表现出粗暴、唐突、不合时宜，其价值也就自然而然地受损。而事实上，只要我们多加注意自身的言行举止即可。

亚里士多德曾描述过一个真正具有教养的绅士应该是什么样的："无论身处顺境、逆境，一个宽宏大量的人都会追求行事适度。他不期望人们的欢呼喝彩，也不让别人对他嘲弄贬低；成功的时候不会得意忘形，遭受了失败也不愁眉苦脸。他不会去做无谓的冒险，不会随随便便谈论自己或者别人；他不在意别人的诽谤，也不会对人委曲求全。"

真正有教养的人就应当表里如一。宝石上光之后尽管更亮，但首先它必须是颗宝石。而一个真正懂得做人的智者是举止温文尔雅、谦逊知礼、不会轻易动怒、更不会主动挑衅的人。他从不恶意猜测别人，更不用说自己会去做罪恶的事了。他努力克制欲望，提高自身品位，出言谨慎，尊重他人。他可能会失去一切，但绝不会失掉勇气、乐观、希望、德行和自尊。这样，即使他没有了一切，他仍然是一个富有的人。

让眼神的魅力得到最大化释放

"眼是心灵之窗"，眼的奥秘在于它会毫无保留地反映出人的喜、怒、哀、乐，反映人的思维活动。所以说，一个人的眼睛中通常能够反映出他的整个内心世界。

一个良好的个人形象，其目光是坦然、亲切、和蔼、有神的。特别是在与人交谈时，目光应该注视对方，不应该躲闪或者游移不定。在整个谈话过程中，目光要注意对方，专心、温和、充满热情。

人际交往中诸如疲倦、冰冷、呆滞、漠然、轻蔑、惊慌、敌视、左顾右盼的目光都是应该避免的，更不要对人上下打量，挤眉弄眼。

还有一种眼神叫"凝视"。各种凝视都有不同的作用。在洽谈、磋商、谈判等场合，凝视对方给人一种严肃、认真的感觉。注视的位置在对方双眼或双眼与额头之间的区域。各种社交场合使用的注视方式也是一种凝视，注视的位置在对方唇心到双眼之间的三角区域。亲密凝视是亲人之间、恋人之间、家庭成员之间使用的注视方式。凝视的位置在对方双眼到胸之间。

一般男记者在对女性做采访时，常有这种体验：对注视他的女性要比不注视他的女性更有好感。而且通过在面试时候的测验，也表明如何选择候选人与是否注视着主考官有着很大的关系。注视，或是看一个人，在心理学中被称为"视线接触"。这种视线接触越频繁，对方也越会产生好感。我们应该学会被对方注视。

相反，如果是自己喜欢的人，就总会去盯着他看。所以注视着你的人，也对你抱有一定的好感。用温柔的、亲切的目光注视对方的话，对方也会产生"他为什么这样看着我呢？""有机会的话，和他聊聊看！"之类的想法。如果遇到了你喜欢的人，可以先从注视他开始。

社交中一双真诚而热情的眼睛能够拉近双方的心理距离。眼睛会说人们内心深处的话，它表明了你对人家的好感。充满善意的眼睛不一定是一双美丽的大眼睛，但只要真诚，同样可以赢得人们的好感，让人难忘。

有人说"眼斜心不正"，其实不准确，应该说"眼邪心不正"。心术不正的人不光是喜欢斜视，而是"邪"视，就是眼神中透出邪恶的光。

孟子说过，看人胸中正与不正，要看他的"眸子"，正直的人眼光是光明坦然的，心术不正的人眼光是怯懦而灰暗的。曾国藩也说过：一个人目光如果闪烁不定，这个人定非善类。这些说法都是有一定道理的。

眼神不能滥用。自然眼神是语言表达的得力助手。眼神是一种无声的语言，能表达比言语更深切、更微妙的含义。许多动物不会说话，却会瞪眼，其目的是向对手发出威胁的信号。蝴蝶经过长期进化，翅膀上的斑纹越来越醒目，这种斑纹会使其他动物误认为是猛兽的怒目，从而不敢轻举妄动。

眼神可以显示出人的喜悦或冷漠，每一种眼神都有特定的含义：明亮的眼神表示心情愉快；平静的目光表示温和善良；灵秀的目光表示聪明智慧等等。可见，在交际活动中注意眼神是非常重要的。

我们的眼神应该是智慧、诚恳、明亮、平静、友好、坦然、专注、坚定的。切忌挑逗、仇恨、轻佻、卑琐、轻蔑、奸诈、愤怒、凶狠、阴沉、游离、茫然的眼神。

眼神是一种在社交中通过视线接触来传递信息的表情语言。人们历来重视眼睛对行为所产生的巨大影响。思想感情的存在和变化都能从眼睛显示出来。从理论上讲，眼神主要由以下两方面组成：

一、视线长度。在我们与人交谈的过程中，注视对方的时间是谈话时间的一半左右。如果超过这个比例，说明我们对对方本人比对方的话更感兴趣；低于这个比例，说明对二者都无所谓。交谈时的其他眼神表现，总的讲要灵活自然。对一般的谈话对象，不要长时间凝视，否则就会让对方有被侵犯的感觉。

二、视线方向。谈话时，我们注视对方的部位可以显示我们与对方关系的亲疏。在生意、谈判、商务等场合，要用眼睛看着对方脸上的三角部位。这个三角就是双眼和前额的中心位置。如果你看着对方的这个部位，就会显得严肃认真，别人也会感到你很有诚意。所以，这是把握住谈话主动权和控制权的重要因素。

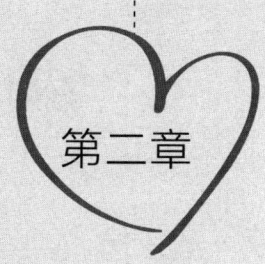

第二章

别独自用餐

——不懂融入的人，只能被不断边缘化

社交是一个很广泛的定义，其中最主要也最重要的就是交友。社会资源通过社会网络分布，拥有社会网络便易于得到社会帮助，没有朋友或是朋友圈太小，必然使自己的社会处境受到局限。而交友的状况，首先取决于想要交友的强烈愿望，然后才有培育技能的可能。

有时候，我们是封闭的制造者

自闭的内心总是给我们的生活和人生带来无法摆脱的沉重与阴影，让我们关闭自己情感的大门。没有交流和沟通的心灵只能是一片死寂。

王媛媛的丈夫两年前不幸去世，她悲痛欲绝，自那以后，她便陷入了一种孤独与痛苦之中。"我该做些什么呢？"在丈夫离开她一个月后的一天，她向医生求助，"我将住到何处？我还有幸福的日子吗？"

医生说："你的焦虑是因为自己身处不幸的遭遇之中，30多岁便失去了自己生活的伴侣，自然令人悲痛异常。但时间一久，这些伤痛和忧虑便会慢慢减缓消失，你也会开始新的生活——尽快走出痛苦的阴影，建立起自己新的幸福。"

"不！"她绝望地说道，"我不相信自己还会有什么幸福的日子。我已不再年轻，身边还有一个7岁的孩子。我还有什么地方可去呢？"她变得郁郁寡欢，脾气暴躁，打这以后，她的脸每天都是紧绷绷的。没有人能够真正走进她的内心，她的世界。

人在不开心时偶尔给自己一个独处的空间无可非议，但如果将这种行为长久延续下去，就是一种心理障碍了。事实上，现代都市人已经越来越习惯将自己封闭了。不知从何时起，人们开始对外面发生的事情心怀恐惧，不愿意与别人沟通，不愿意了解外面的事情，将自己的心紧紧地封闭起来，生怕受到一点伤害。

自闭性格的人经常会感到孤独。有些人在生活中犯过一些"小错误"，由于道德观念太强烈，导致自责自贬，看不起自己，甚至辱骂、讨厌、摒弃自己，总觉得别人在责怪自己，于是深居简出、与世隔绝；也有些人非常注重个人形象的好坏，总觉得自己长得丑，这种自我暗示，使得他们十分注意他人的评价及目光，最后干脆拒绝与人来往；有些人由于幼年时期受到过多的保护或管制，内心比较脆弱，自信心也很低，只要有人一说点什么，就乱对号入座，心里紧张起来。

一个封闭自己的人，他的心永远找不到属于自己的快乐和幸福，尽管那一切美好的东西近在眼前，但是如果不打开那道封闭的门走出去，那么将什么也得不到。人生是短暂的，我们需要三五知己，需要去尝试人生的悲欢离合，这样的人生才称得上完整。我们没必要在自我恐惧中挣扎，更没必要过于小心翼翼地活着，想做什么就去做，想说什么就去说，这样心情才会愉悦起来，生活才不至于因为自闭的单调而失去意义。

自闭性格是心灵的一把锁，是对自己融入群体的所有机会的封闭，自闭性格不仅会毁掉自己的一生，也会让周围的朋友、亲人一起忧伤。

自我封闭阻隔了个人与社会的正常交往，会使人认知狭窄、情感淡漠、人格扭曲，最终可能导致人格的异常。

然而，封闭心理的自我调节，往往是具有很大难度的，需要自我意识觉醒。

一、要乐于接受自己。学会将成功归于自己，把失败归结于外部因

素，不在乎别人说三道四，"走自己的路"，乐于接受自己。

二、必须明白每个人都是社会的一员，都需要走向社会，才能在社会生活中实现自己。每个人都需要提高对社会交往与开放自我的认识。交往能使人的思维能力和生活机能逐步提高并得到完善。交往能使人的思想观念保持新陈代谢。交往能丰富人的情感，维护人的心理健康。一个人的发展高度，决定于自我开放、自我表现的程度。克服孤独感，就要把自己向交往对象开放；既要了解他人，又要让他人了解自己，在社会交往中确立自己的价值，实现人生的目标，成为生活的强者。

三、学会运用精神转移法来进行自我调节。将过分关注自我的精力转移到其他事物上去，以减轻心理压力。如练字、作画、唱歌、练琴等。自我封闭就是过分关注自己，学习某种技能，学会某种本领就会提高自信心。同时，注意力就不会集中在自己身上，慢慢就会与他人正常接触。

自闭心理会葬送人们一生的幸福。所以，我们应该勇敢地从自闭的阴霾中走出来，去享受外面的新鲜空气，外面的明媚阳光，在这个生活节奏不断加快的当代社会中，我们一定要走出自闭性格的牢笼，走入群体的海洋。只有这样才能找到真正属于自己的那份自信、幸福和快乐。

因为不懂融入，才会被排斥在外

在现代社会生存、发展，必须具有较强的竞争力。竞争力是一个综合性的指标，它不仅指才能、素质等方面，还与人际关系有着重要关联。有好的人缘，做事时就会得到众人的支持，在竞争中就会处于优势地位。而人缘差的话，在你困难的时候就得不到帮助，甚至还有人会跳出来绊倒你，这样一来，在竞争中你就会居于劣势。

　　刘亚军是某中学教师，毕业于知名学府的他知识广博、教学认真，学生对他的评价都还不错，只不过这个人性格又硬又直，所以和同事的关系始终不太好。即使是相处较近的同事，也是带搭不理、冷冷清清的。学校的教务主任调走了，校长要从教师中提拔一个人担任此职。按资历、能力，刘亚军都是第一人选，因此校长就悄悄地找他谈了一次话。没想到这风声刚一放出去，一大群人就找上了校长，这个说不行，那个表示反对，而且都说得头头是道，理由一大堆，不能不叫人心中来回打鼓。说到最后，校长耳根软了，最终打消了让刘亚军当教务主任的想法。而能力不如刘亚军，但人缘却很好的孙义却在众人的多方举荐下被提升为教务主任。

　　究其原因，是因为刘亚军没有真正融入学校这个集体，所以集体中人对他这个圈外人有一种排斥心理，刘亚军虽然能力出众但却最终落选，而他的对手虽然能力不及他，但因为占了个"人和"的优势，反倒成功晋职。很多时候，能力是一个方面，人缘也是一个方面，不管你人缘的好与坏，你在一个位子上至少要融入一个圈子，也就是说，不要讨人厌，让人觉得你就是他们的负担。

　　有些人可能专注于业务方面，对人际关系的处理很少注意，但你最起码要融入你生活的圈子里，对于单位组织的活动要踊跃参加，不要以自己业务繁忙为由，拒绝参加，对同事及领导要主动打招呼，不要显出一副带搭不理的样子。其实融入并不难，它并不要求你事事都主动，只需你主动响应同事及领导的号召，不做一个人见人厌的人，没事时主动帮帮同事，这样自然而然地你就会成为一个受欢迎的人。

某单位要在年轻工作人员中提拔一位办公室主任，各方面条件都比较符合的人选有两个：杜海和郑伟。总体来看，杜海的条件要比郑伟好一些，不过郑伟也有他的优势：人缘好，真正能与同事们打成一片。杜海外号叫作"不求人"，总是表现得志得意满，一副谁也用不着的样子，因此在单位里，很少有人和他来往。郑伟却正好和他相反，他待人热心，同事们遇到什么事，只要他能帮得上忙的，都会尽全力帮助，这样一来，单位里的人都和他关系不错。这个办公室主任的职位，两人都很看重，明里暗里较起劲儿来。杜海知道自己人缘不好，于是就想在领导那里打开门路，没想到适得其反，送给领导的礼物被推了出来，还惹恼了领导。最后领导决定用投票的形式来推举，结果郑伟得到三十一票，高票当选，而杜海却只得到了可怜的两票。

杜海的悲哀在于，他没有认识到融入集体的重要性，平时不烧香，等到需要用人时再去求已经太晚了，本来他的条件要比郑伟好，但因为他连最起码的公司人际圈都没融入，结果在竞争中一败涂地，所以，杜海应该认真反省一下自己在人际关系方面的做法，否则今后再有类似的竞争，他也很难取胜。

现代社会，人际关系给我们个人发展带来的影响越来越大，所以，我们除了要努力施展自己的才华外，还要注意人际关系，至少要能够融入圈子，让自己有个较好的人缘，这样才能适应日益激烈的竞争，并在竞争中取胜。

被人接纳的前提是——合群

没有人可以伟大到不需要朋友，得不到友谊的人将是终生可怜的孤独者，没有友情的世界只会是一片荒芜的沙漠。

人毕竟是社会性动物，人的衣食住行以及生命的价值都来自社会及个人所处的群体中，只有适应这个社会才能延伸自己的事业线。如果不重视交往，忽视人际关系积累，必然会四处碰壁，撞得头破血流。

曹海成是个时尚的年轻人，喜欢重金属音乐，又有点小资情调。毕业后，他进入了一家日化公司从事销售工作，凭着聪明机智和良好的口才，他的销售业绩相当不错。可是曹海成却觉得有点孤独，他觉得同事不是老古板就是没内涵，因此他在公司里几乎没有什么朋友，下班了就约上自己的死党去泡吧。公司有集体活动曹海成也很少参加，同事拉他去唱KTV，他说他对口水歌不感兴趣，公司举办舞会，他说那是群魔乱舞，自己可不想被体重超标的女同事踩痛脚趾……总之，公司的活动他是能躲就躲，去了也只是意兴阑珊地待一会儿就赶快走。同事们都生气地说："看来是我们格调太低，不配和人家来往。"领导对他也颇有微词。

一年后，同他一起进公司的人，除了他和几个业绩太差的，普遍都获得了提升，他愤愤不平地去找领导，质问他为什么这样对自己。领导看了他一眼，淡淡地说："这要问你自己吧！你真的把自己当成公司的一员吗？在公司里你有关系不错的同事吗？人缘这么差，即使我提升了你，谁又肯听你的？"曹海成根本无法回答领导的问题，灰溜溜地走了。

公司就是一个大的社交圈子，曹海成不懂得搞好公司内部的人际关系，缺乏团队精神，结果成了公司的特殊分子，只能做最基层的工作，无法获得提升。这也是生活中很多人都存在的问题，他们不屑于加入公司内的交往圈子，结果他们在公司内的人缘越来越差，自己逐渐被孤立，提升就更无从谈起了。

由此可见，一个人想要取得事业上的成功，首先就要在所处的人际网络中获得青睐，成为既有才能又有人缘的人才。否则，你的上升运势就会直线下降，有时就算别人想帮你，但你人际关系太差，别人也扶不起你。

刘文的舅舅是某公司的总经理，舅舅觉得刘文是个人才，可以好好磨炼一下，将来在事业上给自己帮忙，于是刘文就参加了公司的招聘，并以优异的成绩进入了公司。为了让刘文接受锻炼，舅舅特意嘱咐他隐瞒两人的亲属关系，好好工作。上班之后，刘文觉得舅舅的公司存在很多问题，在他眼里相当一部分员工，包括他的顶头上司都是不称职的，再加上认为自己身份特殊，因此他当起了"独行侠"，很少和同事来往。上班近三个月，在公司里，他竟然没有一个比较说得来的同事。不仅如此，他那骄傲狂妄的态度还着实惹恼了不少人。刘文的舅舅对刘文的工作成绩还算满意，但还想知道刘文在其他方面表现如何。

一次路过员工休息室时，无意中听到了员工对刘文的评价："哎，你们说刘文那小子像什么？像不像开屏的孔雀？"

"什么？孔雀？太抬举他了吧！我看倒像茅坑里的石头——又臭又硬！"

"看他一副狂妄的样子！他有什么了不起的啊！幸亏他只是个小职员，他要是经理，尾巴还不得翘天上去啊！"

"他要是经理啊，我看一半员工都得辞职……"

舅舅大吃一惊，他没想到刘文的人缘竟这么差，他又找来了刘文的部门主管，故作不经意之态地提起刘文，结果部门主管说："他的能力是有的，但在处理人际关系方面有很大问题。老实说，我是领导，不希望手下有这种员工，他已经给部门的团结带来了危害。我正想跟人事部门打招呼呢！"

第二天，刘文就离开了公司，临走前舅舅送了他一句话：进入了一个圈子，你就得适应这个圈子的氛围，不要以为自己了不起，看不起别人，如果你想保住自己的位子，就得适应这个圈子。

当你真正适应一个圈子的氛围时，自然而然便会获得友谊。一旦你们建立起友谊，变得亲密时，要特别注意乘胜追击，务必使自己的人际关系逐渐拓展。这无疑能增加成功的筹码。

想要众星捧月，就别独吃自疴

每个人都有想在职场独占鳌头的欲望，当胜利的果实摆在面前，你第一件要做的事情是什么呢？是把它紧紧地抓在手里，还是拿出来和大家一起分享呢？很显然，后者是很明智的。一个人要想在职场江湖行走得游刃有余，首先切记不要想着吃"独食"，否则别人的认同和帮助就会在无意之间离你远去，而你只能成为一个别人敬而远之的孤家寡人。

毫无疑问，我们总是希望自己在职场上能够赢得更多的荣誉，因为荣誉越多，晋升的机会也就越多。人到了一定年龄，最希望的就是自己能在一家有前途的公司越干越好，有更广阔的发展空间，赢得上司和同事们的认可和帮助。但是当荣誉真的来到你的面前，心中却开始犹豫了，究竟自己应该怎样接受面前的胜利果实呢？是一个人把它握在手中，还是和更多的人一起分享呢？如果你能在接受荣誉之前有这样的想法，说明你经过这几年的职场历练已经成熟了不少。

很显然，就算是你为这份荣誉奋战了很久，单凭你一个人的力量绝对是无法将其圆满完成的。成功固然是一件值得喜悦和骄傲的事情，但是在喜悦和骄傲的同时，千万不要忘了帮助过自己的人，不管是上司还是同事，一定要学会与大家一起分享荣誉和快乐。只有这样，我们才能维护好自己与上司、同事之间的关系，才能在得到荣誉的同时，为自己赢得不错的人缘。

当你在工作和事业上取得成绩，小有成就时，这当然是值得庆祝的一件事情，你也应当为自己高兴。但是有一点应该注意，如果赢得这一点成绩是大家共同努力的功劳，或者离不开他人的帮助，那你千万别把功劳据为己有，否则他人会觉得你好大喜功，抢占了他人的功劳；如果某项成绩的取得确实是你个人的努力，当然应该值得高兴，而且也会得到别人的祝贺。

即使是这样，你也一定要明白，千万别高兴得过了头，一来可能会伤害有些人的自尊心，二来，如果你过分狂喜，会让他人眼红。

瑶瑶是一家出版社的编辑，并担任下属的一个杂志的主编，平时在单位里上上下下关系都不错。有一次，她主编的杂志在一次评选中获了大奖，她感到十分荣耀，逢人便提自己的努力与成就，同事们当然也向她表示祝贺。但过了几个月，瑶瑶却失去了往日的笑容。因为她发现单位同事，包括她的上司和下属，似乎都在有意无意地和她过不去，并回避着她。

瑶瑶为什么会遇到这种情况呢？其实原因简单明了，她犯了"独享荣誉"的错误。这份杂志之所以能得奖，主编的贡献当然很大，但也离不开其他人的努力，他们当然也应分享这份荣誉。所以这位主编的表现，当然会引起别人的不满，尤其是瑶瑶的上司，更会因此而产生一种不安全感，害怕她功高盖主。

由此看来，对于一个想把自己事业做大做强的人来说，与人分享荣誉是多么的重要，尽管有的时候，那只是一句话的事情，但是却能给自己的处境带来翻天覆地的变化。不懂得与他人分享荣誉的人总会给别人带来一种自以为是的感觉，让人难以亲近。然而，对于那些懂得和大家分享荣誉的人来说，自己永远是大家欢迎的对象，因为他用自己的谦卑和大度感动了身边的每一个人。

在职场生涯中，当你获得荣誉去感谢同事、与同事分享，这好比让同事吃下了一颗“定心丸”。如果你未与同事分享你的荣耀，必然会遭到大家的反对，他们甚至会成为你通往成功之路的障碍。常言说：“种瓜得瓜，种豆得豆。”如果种下的是妒忌和怨恨，那就难以收获幸福和快乐。学会与同事分享胜利和荣耀，实际上就是在为自己以后的发展而投资。

吴海燕被老板叫到办公室去了，她领导的团队又为公司的项目开发做出了杰出贡献。送茶进去的秘书出来后告诉大家，老板正在拼命地夸吴海燕，她从来没见过老板那样夸一个人。研发小组的几个人脸沉了下来：“凭什么呀！那并不是她一个人的功劳！”“对呀！为了这个项目，我们连续加了17天的班！”正在这时，老板和吴海燕来到了大厅。“伙计们，干得好！”老板把赞赏的目光投向几个组员，“吴部长向我夸赞了你们所付出的努力！听说还有两个带病加班是吗？真诚地谢谢你们！这个月你们可以拿到3倍的奖金！”老板话音刚落，几个女同事就冲过去拥住吴海燕一起欢呼起来，大家表示以后一定会跟着吴部长再接再厉。

作为一个职场人，我们应该明白其中的道理，荣誉到什么时候都不能独吞，否则它虽然会给你带来一时的惊喜，却有可能毁灭了你长足的发展。

分享不仅是一种修养，更是一种共同走向成功的方式。我们改变了过去那种你死我活的博弈做法，而选择寻找双赢的思路来看待自己的同事和对手。无论是在生活中还是工作中，只要我们学会了分享，我们成功的概率就会多一成胜算，因为在这个多变的世界，单独的成功已经成为过去，共同的成功才是未来。

怎样治愈社交恐惧症

现实生活中，不少朋友由于内向的性格或消极的人生态度，会惧怕或者拒绝参加社交活动，然而，想在现代社会中生存，不可避免地要与人打交道：你需要与人交谈，需要在公众场合发表你的意见，或是在谈判、晚宴等各种社交场所与人周旋。如果你一再心存恐惧，远离人群，无法正常社交，必然会给你的生活与工作带来极大的危害。

因此，想要成功建立起关系我们一生好坏的人际关系网络，对于有

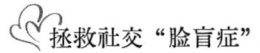

社交障碍的人来说，首先就要消除恐惧情绪，突破心灵的阻力。

　　于盈盈是一名刚刚毕业的大学生，虽然她成绩优异，但她长期以来一直经受着社交心理障碍的困扰和折磨。她从小性格内向、胆小、孤僻，再加上父母管教严格，除了学校和家，她很少在外玩耍。

　　上了大学，她更加害怕和人接触。她认为自己是个怪人，怪毛病就是恐惧。上大学以来，就连自己身边的同学，她都不敢多说话，与人讲话时不敢直视，眼睛躲闪，像做了亏心事。一说话脸就发烫，低头盯着脚尖。她不愿与其他同学接触，觉得别人讨厌自己，在别人眼中是个"怪人"。更为严重的是，现在她连在自己的亲友面前都感到极不"自然"了。

　　毕业了，同学们都忙着投简历，参加各种招聘会，而她看到面试官就会脸红心跳，说不出话来。为此，她懊恼极了，不知道该如何克服这个毛病。

　　无疑，于盈盈就是有恐惧陌生人心理障碍的人。而导致她不敢与人交往的原因，多半起源于恐惧。这样的人在与陌生人接触的时候，会习惯性地用冷漠把自己包裹起来。

　　那么，什么是恐惧？它的根源源于何处？为什么它能困扰人们的思想，使那么多人变得胆小懦弱、不敢与人接触呢？其实恐惧并没有我们想象的那么可怕，恐惧只是一个单纯的思想问题，是想象中的妖魔鬼怪，当我们意志坚定、树立起自己强大内心的时候，它对我们并不会构成任何威胁。

一、摆脱惧怕观念

我们知道惧怕与人交往是一种心理疾病，其实，它更是一种观念问题。让我们来假设一种情形：如果我们周围所有的人在与别人接触的时候，都会感到紧张、心慌、面红耳赤、语无伦次。而且这种症状越明显，越合理，越受人欢迎，那么社交恐惧症的患者就不会再感到担心和害怕了。因此，消除社交恐惧症关键就在于让患者放下心中的"担心"，一旦"担心"被放下，社交恐惧症就可能在极短的时间内获得治愈。

二、不要过高估价别人

处处高估陌生人，认为自己不如他人，甚至一无是处，这样想是不对的。应当多想一想自己的长处，以此增强你的自信心，进而达到消除和缓解紧张的目的。

三、多参加一些集体活动

害怕与人交往的人越是害怕越是容易逃避，越是逃避越是害怕。所以，要尽量多地参加一些集体活动来克服这种障碍，当你与人交往的次数多了，自然也就慢慢习惯了。

四、直接向对方表达自己的紧张和焦虑

比如当你去拜访一位领导的时候，为了消除自己的紧张情绪，你可以说"您好！见到您很高兴，但是由于很仰慕您，所以见到您有点紧张！"，当你向对方表达出自己的心声之后，那么，你的紧张和焦虑也就随之会减少了很多。

五、拥有一颗平常心

以平常心来对待，也就是当你在与人接触时，不要把对方看得很重要，保持顺其自然的心态，该做什么事就去做什么事，坚持把自己该做的事和能做的事做好。

其实，"恐惧"往往都是我们自己吓自己，你越是害怕与人打交道，你的人际交往能力就会越差，与别人的人际心理距离就越大。当你克服恐惧情绪之后，你就会变得越来越强大，也就更加喜欢与人接触，更不会再受社交恐惧的折磨了。

羞答答的你，只能静悄悄地开

恐惧、紧张之外，与人交往的最大障碍就是"害羞"。它就像一根潮湿的火柴，永远也不能点燃成功的火焰。在这种害羞心理的影响下，很多人总是表现得犹豫不决、缩手缩脚，舌头打滚、语无伦次。这就像一个初次登台的演唱者，无论他在台下准备得如何充分，但演唱效果却并不会很好一样。这些在生活中司空见惯的问题不仅会影响你的社交活动，缩小你的人际关系资源；而且会给你的日常生活和工作设置很多障碍。唯有克服害羞心理，我们才可以轻松地与人交往。

美国前总统富兰克林·罗斯福的夫人艾莉洛出身名门，在这样的家庭背景熏陶下，按正常的理解来说，她应该拥有十足的自信心，然而，事实却与我们的推断相反。在她的内心深处，她一直认为自己是个笨拙的丑小鸭：长相平凡、举止羞涩。而且，她的母亲、姊姊都是社交界名媛，在这种比较之下，她更认为自己像极了丑小鸭！所以，她极不喜欢参加各种舞会。

然而，一次圣诞节的舞会却使她发生了改变。

在这个舞会上，一位叫作富兰克林·罗斯福的年轻人注意到了艾莉洛，并上前邀请羞涩的艾莉洛跳舞，两人在舞池之中翩翩起舞，此刻，艾莉洛忘记了害羞，忘记了恐惧，并全身心地沉浸在舞蹈的海洋里。但就从这一次邀请之后，艾莉洛战胜了害羞，成了一个拥有自信笑容的魅力女人。

艾莉洛给我们的启示是：很多时候，阻碍你与别人交往的并不是你的外表，而是你害羞的内心，许多人之所以会产生社交恐惧，并不是因为他们不能成功，而往往是因为他们无法摆脱害羞的心理，自我设置了一条迷信和自卑的锁链，绑住了社交的双脚。

害羞可以轻而易举地毁掉一个颇具才华的人，因为在他的潜意识里总是认为："我不敢，我一定会被人嘲笑讥讽。"因此，一旦让他们出现在公众场合，他们却不敢去和别人沟通，白白丧失了结识新朋友的机会。

然而他们不明白，这样的害羞心理将会大大减弱自己的自信心，也同样会大大减少自己成功的机会。因此，在以后的社交中，害羞的你应该多想一些和人交流的乐趣，大胆沟通，无论你是一个多么害羞的人，只要你勇敢地迈出了第一步，那么才会有以后的无数步。

关于克服害羞心理，成功学大师卡耐基先生最有经验，而在他的众多经验中最基本的经验就是："你要假设别人都欠你的钱，正要求你多宽限几天；你是神气的债主，根本不用怕他们。"由此可见，克服害羞心理的关键是建立自信心，并不断调整自己的心态，从容以对，处之泰然，不要顾虑太多。如果你带着重重的思想包袱出现在众人面前，岂有不紧张不出汗不羞怯之理？为了能更好地拥有丰富的人际关系资源，从现在起，你必须改变自己的心态，建立自己的自信，强化自己的心理素质，这是当务之急。

你越自卑，越让人不屑一顾

自信和自卑是一个人面对他人时截然不同的两种心态。有的人无论在什么时候、什么条件下，面对什么人，或在干什么事，都对自己充满信心。这种人很容易走进别人心里，能够快速与陌生人成为好朋友。而有的人却恰恰相反，无论什么时候，什么条件下，面对什么人，无论做什么事，都战战兢兢惶恐不安，对自己完全没有信心可言，这种人很难得到别人的赏识，自然也不易走进别人的心里。

事实上，"金无足赤，人无完人"。任何人都不可能是完美的。把任何一个人放在一群人中，他的缺点都会被放大，看起来非常显眼。然而充满自信的人非常懂得扬长避短，在群体中总能展示出自己优秀的一面，不断增强自己成功的信念。相反，缺乏自信心的人则总是把自己的缺点与别人的优点放在一起比长短。比来比去，只能强化自己的自卑感。

一个人，能否与人很好地交流，关键在于是否具有一个自信的心态。

那么，如何抛弃自卑，找回你的自信呢？艾菲在《我不再羡慕》这篇文章里讲述了一段自己的故事，对我们很有启示意义：

艾菲 16 岁那年从山沟里跨进了大学的殿堂，浑身上下散发着土气。她没有学过英语，不知道安娜·卡列尼娜是谁；不会说普通话，不敢在公共场合说一句话；不懂得烫发能增加女性的妩媚；第一次看到班上男同学搂着女同学跳舞，她吓得心跳脸红。她上铺的丽娜是一个省城里的女孩子，能讲一口流利的普通话，一口发音准确吐字清楚的英语。丽娜见多识广，安娜·卡列尼娜当然不在话下，还知道约翰·克利斯朵夫。丽娜用白手绢将柔软的长发往后一束，用发夹把刘海卷弯。丽娜只要在公众场合出现，男同学就会前呼后拥地争献殷勤。

浑身土气的艾菲处处与洋气十足的丽娜比较，比来比去，比得自己一无是处，比得自己只剩下了自卑。艾菲就这样被笼罩在自卑的阴影里难以自拔，整天只会重复着对他人的羡慕。

然而，有一次，当丽娜不厌其烦地描述着她八岁那年如何勇敢地从城西换一趟车走到城东时，艾菲突然想到，自己八岁那年独自翻越几座大山，把自己养的一头老黄牛从深山里找回来的往事。

从此艾菲便不再羡慕丽娜，遗憾、自卑的心理阴影也荡然无存，于是，艾菲又恢复了往日在大山中的自信。

我们所有的人如果和他人相比较，总会有很多方面不如别人，和别人存在着差距，就像艾菲和丽娜一样。两个人生长在两种截然不同、差异很大的环境中。丽娜具有的东西，艾菲未必会有。但反过来想，艾菲拥有的东西，丽娜也未必会有。所以我们不必为自己的缺陷而遗憾、自卑。正确的心态就是既要了解自己的短处，更要了解自己的长处。不要让自己的缺陷为自己制造自卑，要尽量多想想自己的优点，使自己充满自信。

显而易见，想摆脱“社交恐慌症”，就一定要克服自卑感。自卑不仅会使自己陷于孤独、胆怯之中，而且会造成心理压抑。受这种心理的支配，我们就会越来越不敢主动去和别人交往，在社会上也会越来越封闭。克服自卑感的方法有很多，最有效的就是对自己进行“心理暗示”。比如，在与人交往感到恐慌时，你不妨想一想：我的社交能力虽然还不够好，但别人开始时也是这样的，不管做什么事，开始时都不见得能做好，多做几次就会更好了，其实大家都是这样的。所以说，自信是社交圆满的必备素质。

猜疑，会毫不留情地毁掉友谊

猜疑毁坏友谊，多疑的人永远很难成为好朋友。友谊需要整个信任或全盘信任，或全盘不信任。如果要把关系不断地分析、校准、弥缝、恢复，那么，这种关系只能增加人生的情感苦恼，而绝不能获得情感所产生的力量和帮助。

不久前，张海潮被调到集团下属外地企业去做业务经理，他认为这是明升暗降。"为什么要调离我？"他认为肯定有人从中搞鬼，"是上司嫉妒我的才干，怕我有一天抢了他的位置。"张海潮为此愤愤不平，他觉得自己受到了排挤。上司总是说他搞不好同事关系，给他安排工作时异议又很多。"我为什么要理那些人呢？"张海潮觉得自己从来就没有做错过。

"这口气怎么咽得下去！"张海潮向老板投诉，表达自己的不满，诉说自己的委屈，"我要让他吃不了兜着走！"张海潮恨恨地想。女朋友劝他不要这样做，他不听，她说他心理不正常，张海潮一下子火了："我有什么问题，我看是你变心了！"这时他恍然想起，每次女朋友去单位，与那位上司之间好像都在眉来眼去。"对，他们一定是早商量好的，将我调走，这样他们就有更多的时间在一起了！我和他们没完！"事实上，每位与张海潮交往的女孩子都曾被他怀疑过，不是怀疑人家不忠，就是怀疑人家另有目的，所以即便张海潮长相不错，工作也不错，但直到30多岁的年龄，还没有一个女孩子能够与之达到谈婚论嫁的程度。

张海潮的这种状态已经持续很久了，那还是他上高中的时候，虽然成绩很好，但人缘却非常差。为什么呢？因为他总是觉得自己胜人一筹，又觉得别人都在嫉妒自己的才能。他觉得别人看自己的眼光都是异样的。同学们受不了他，疏远他，他更认定了自己的猜想是正确的。他还经常顶撞老师，因为他觉得老师有很多观点都是错误的，反而却来批评自己，他甚至认为老师都在嫉妒自己。

这么多年，张海潮没有过一个真正长久的朋友，别人在与其短暂接触以后，都唯恐避之不及，张海潮也从不主动去与别人交往，他更乐于独处，那样似乎更安全。他怀疑一切，认为一切都隐藏着阴谋或者灰色地带。现在，他更是认为自己被人玩弄了，他恨这一切，同时他又认为：这是天妒英才。

猜疑是毫无根据地对一些自己并未完全了解的事情进行各种设想、猜测、主观加工，并对自己的"内心假定"信以为真。为什么会有猜疑心理呢？可以说，这也是人的一种本能。人类为了生存要抵御来自各方面的威胁，猜疑是人类为保护自己而做出的本能防御，从这个层面上讲，每个人都有可能在某些时候产生猜疑心理，如果程度较轻，现实感和自我功能都很好，就不会对生活造成很大的影响……然而，猜疑过度就是不自信、自卑的表现了，是防御心理的过度。这样的猜疑往往是对自己不利的、消极的。

张海潮的猜疑心理显然已经影响到了生活。他敏感多疑，对任何人都有很重的猜疑心，经常感到自己受到了别人的嫉妒、陷害与攻击。

一个人过分多疑，是非常不利于人际交往的，因为多疑，就会听不进别人的任何意见，就会使别人感到难以接近。因为多疑，即使自己的意见是正确的，也会使别人在情感上难以接受，就有可能产生反面效果。所以务必要改掉这个毛病，要谦和、平心静气地表达自己的观点，要积极地去倾听、思考别人的意见，这对自己总是有帮助的。不要总认为自己比别人都强，一山还有一山高这是事实。不要整天疑神疑鬼，不要觉得别人都是阴谋家，怎么可能所有人都针对你？如果能用豁达、宽容的态度去对待别人，相信别人也会这样对待你。

其实，这个世界更多的还是好人，很多人都是可以信赖的，不应该对所有人心存怀疑，否则就会失去所有人的信任，也会阻碍自己的生活。

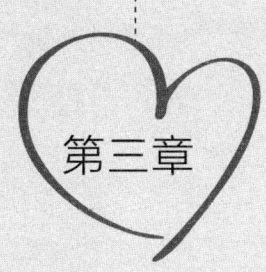

第三章

天下没有陌生人

——跨出交友 "舒适区"，扩大你的朋友圈

很多人对与陌生人接触都有一些抵触心理，不是胆怯就是不屑，或是无从谈起。但是，我们一定要认识到，与陌生人沟通、来往是个绕不过去的坎、非跨不可的沟，只有正视它、面对它，更重要的是还要明白怎么做，才能真正帮助你建立好社会关系。

摆脱让你望而却步的陌生情结

一提到陌生人，很多人就会想到不了解、不确定性与危险因素等，于是，与陌生人交往，就会在不自觉中产生了防范心理。而这也就使得大多数人把自己的社交圈子紧紧地锁定在熟悉的人身边，构建所谓的"熟人社交圈"，期望自己只与熟识的人一起学习、工作、娱乐、共事。殊不知，这种认识是一个误区。

懂得怎样轻松自然地与人沟通，是人们必备的一种社会生存技能，这能使我们扩大自己的社交圈，并使生活变得更丰富。

不仅如此，最近国外心理学家指出，和陌生人说话其实有三大好处：

一、可以体现和增强一个人的自信。心理学实验表明，人类很多特性的分布都有一个规律：特别好和特别差的人各只占 2% 左右，中间水平的占 95%，也就是说绝大多数的人都是差不多的。所以，和陌生人交谈，碰到正常人的概率远大于碰到一个坏蛋。和正常的陌生人进行一次交谈，可能让我们吸收到新信息，也可能验证我们对人性的一些观念，还可能感受到人与人之间的热情、信任，这些良性的结果必定会增强一个人生活的信心。

二、可以体现个人独立性，有助于人格发展。和熟人打交道，说话的方式依附于社会关系，服从说话人的身份，很多时候并非个人独立意志的表达。和陌生人说话则不一样，相互之间常常作为独立的个体交往，彼此没有切身的利益关系，双方见到的都只是眼前的这个人，不会刻意关照也不会有什么成见，相对客观、平等，这种完全对等的关系，对青少年时期的人格成长是很有帮助的。

三、可以锻炼口才和人际沟通艺术。熟人之间，彼此都很了解，不会十分在意说话的方式和技巧。而与陌生人之间的交往等于从零开始，需要有意识地运用沟通技巧来建立关系，人际沟通能力和口才就会得到提高。

总而言之，与陌生人进行交流，是积累人际关系一个必不可少的环节。耶鲁大学的社会心理学家米尔格·兰姆经过大量实验和研究后发现：在现代社会，最多通过六个人你就能够认识任何一个陌生人，这就是著名的六度分隔理论。进入信息化时代后，这一理论更是在现实生活中一次次被验证。也就是说真正的陌生人是不存在的，所谓陌生人，其实就是只要通过某种方式就可以结识和相知的人。拓展自己人际交往的宽度，扩大自己的视野和圈子，就是拓展自己的人际关系，给自己的生命注入更多养分。因此，我们必须有效摆脱陌生情结。

那么，怎样才能消除这种心理，并设法把陌生人变成自己的朋友呢？

一、做一些克服羞怯的运动

如：将两脚平稳地站立，然后轻轻地把脚跟抬起，坚持几秒钟后放下，每次反复做 30 下，每天这样做两到三次，可以消除心神不定的感觉。

二、学会专注、毫无畏惧地看着别人

当然，对于一位害羞的人，开始这样做有一定的困难，但是，你非学不可。试想，你若老是回避别人的视线，老是盯着一件家具或远处的

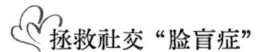

墙角，不是显得对人很没礼貌吗？很幼稚吗？难道你和对方不是处在一个同等的地位吗？为什么不拿出点勇气来，大胆而自信地看着别人呢？

三、拓展你的视野，丰富自己

有时你的羞怯不完全是由于过分紧张，而是由于你的知识领域过于狭窄，或对当前发生的事情知道得太少的缘故。假若你能经常读些书籍、报纸杂志，开阔自己的视野，丰富自己的阅历，你就会发现，在社交场合你可以毫不困难地表达你的意见。这将会有力地帮助你树立自信，克服羞怯。

四、在心目中建立一种乐于与人交朋友的愿望

你要设法把陌生人变成老朋友，首先要在心目中建立一种乐于与人交朋友的愿望，心里有要求，才能有行动，也才能结交到更多的朋友。

初次见面就让人对你印象深刻

一个人，存在于这个纷繁复杂的大千世界中，本就不是一件易事。若要想让自己能在别人的心里、脑海里留下一些鲜亮的记忆，就更显艰难。对于第一印象没有自信的人，首先要塑造个人风格，然后每次与陌生人见面时，就能散发出你想要的感觉。

一、恰如其分地介绍自己

很多人都清楚地知道这样一点，初次见面，人们都有一种想了解对

方，并渴望得到对方尊重的心理。这时，如果你能及时、简明地进行自我介绍，不仅满足了对方的渴望，而且对方也会以礼相待地自我介绍。这样，双方以诚相见，就为进一步交往奠定了良好的基础。而且，在参加社交集会时，主人不可能把每一个人的情况都介绍得很详细。为了增进了解，你不妨抓住时机，多做几句自我介绍。

这样的时机有两种：一是主人介绍话音刚落时，你可接过话头再补充几句；二是如果有人表示出想进一步了解你的意向时，你可做详细的自我介绍。

二、勇敢地与人交谈

在一次陌生人比较多的交际会上，你怎么可以让别人认为你是一个沉默寡言的人呢？不要说这里没有你所熟悉的人，其实有些看起来很亲昵的人很可能也是刚刚认识的朋友。所以，只要你勇敢地说出第一句话，你就已经成功了一半。

你可以这样做，你先观察一下你身边的人，或者你感兴趣的人，看看他们是否有比较特别的地方。比如，有异国风情的配饰，或是一款你也非常青睐的手表。谈论这些细节很可能会立刻吸引他们的兴趣。聊天的话题最好选择节奏感比较轻松明快的，开心地一笑，会瞬时拉近你们之间的距离。

当你遇到自己感兴趣的人时，为了给彼此间的第二次见面做好铺垫，你不妨直呼他的名字，说点无伤大雅的笑话，讲点轻松的小故事，这样就会给彼此留下轻松和谐的印象。

但要注意的是，交谈中，尽量不要提出一些只能让人回答是或不是的问题。如果这样的话，那你等于在扼杀你们的谈话。所以，你应该给他人或自己留下展开话题的余地。而且，不要说出太随便的话，否则很有可能会冒犯到你新认识的朋友，使得你之前所做的努力全部因此而瓦解。

因此，在第一次见面中，你应注意以下几点：

1. 敞开心扉

初次见面，如果双方都不想让对方看透自己，觉得对方发现自己的弱点是个糟糕的后果，那结果只会是彼此拘束，不能畅所欲言、自由表现。只有敞开心扉，才能让对方很快记住：这个人很好，与他交谈很和谐，很轻松。

2. 真诚自然

有人把交际称为自我推销。既然推销产品时需要在"货真价实"的基础上作宣传，那么推销自我时也不能不顾事实而自我炫耀。因此，在交流沟通时，最好不要用"很""最""极"等极端的词汇，给人留下"狂"的印象；相反，真诚一点、自然一点地交流，往往更能使自己的特色闪闪发光，引起人们的注意。

3. 考虑对象

语言交际总是双向的，既有说的一方，也有听的一方。因此，说话的人就不能一厢情愿地想说什么就说什么，而要从对方的年龄、职业、思想、性格等不同特点出发，要说恰当的话，即所谓"对什么样的人说什么样的话"。比如，有个小朋友读过作家冰心不少文章，很敬重她。有一次见到她，这个小朋友问："冰心奶奶，您今年几岁了？""几岁"是问小孩子的话，用问小孩子的话来询问一个德高望重的老奶奶，不得体。如果说成"您多大年纪了"，就比较得体了。

人都是一回生、两回熟。"两回"不难，要说难就难在头"一回"。难在哪儿呢？难在面对的是陌生人，不知该从哪里说起，不知该说什么话，不知说的话会不会让人听了不悦……如果说得差则会使人产生反感，这辈子都不想与之打交道。所以，第一次交谈最好要一炮打响，才能为你以后的再次见面奠定基础。人与人交往，第一次见面说得好会给人留下深刻甚至终生难忘的印象。

总之，在与陌生人见面之前，你最好先拟订好一套推销自己的计划，想办法让初次见面的人记住你！这样，你的社交也就成功了一半。

让陌生人喜欢你其实并不难

在很多人的意识中，陌生人是某种敌对意味的代名词。"不要与陌生人说话"或者"不要和陌生人交心"等成了一种普遍的规则。久而之，当人们面对陌生人时往往不知道该说些什么，心里不停地向自己发问"这样坐着太尴尬了，我该说些什么呢？"此时的一分钟往往感觉像一年那样长久。还有很多人在与陌生人交谈后，有时又会突然想到："啊，那天我很唐突地说了那样的一句话。"想起来的时候，真是后悔。可是，世上没有后悔药可买，我们只好悔恨地提醒自己，下次不可以再犯。所以，在当前社会中，我们必须学会怎样和陌生人说话。

那么，如何让一个陌生人在短暂的时间接受你、认同你、喜欢你、相信你呢？这不是一件容易的事情。

一、做个和善的谈话者

有一些人在与初次见面的人说话的时候，总是给人一种冷淡而敷衍的态度，好像他们正在做一件自己不喜欢的事情一样。还有一些人拥有很强的财力，可是他们不曾具有一种额外的资产，令人欢喜的个性和恳切的笑容。殊不知，这些都是许多人易于让人亲近的特点之一。这种特点如果能够立刻抓住，那么就会很容易得到他人的信任，获得他人的好感。

俗话说："种瓜得瓜，种豆得豆。"如果说我们对别人产生兴趣，那么他人自然也会对我们产生兴趣；如果我们在对方的面前露出不愉快的态度，那么对方自然也会对我们露出不愉快的态度。所以，在与对方交谈时，要让人感受到你平易近人的品性，这样自然别人也愿意接近你。

二、说话简洁而有条理

不懂节制是最恶劣的语言习惯之一。无论是和一位陌生人在交谈，还是在数千人的场合演讲，最重要的就是"说话要贴切实际"。

担任企业行政主管的人几乎都认为：在商业场合里，最让人头痛的就是讲话没有条理。这样，不知有多少人的时光都浪费在那些信口开河、多余无聊的话中去了。如果说话的目的就是要告诉别人一件事情，那就直截了当地说出来。

三、了解对方所期待的评价

在还不熟悉的情况下，要避免否定对方的行为。初次见面，互相的了解并不多，这时提出否定的意见，对方往往不会接受，更容易产生一种反感。所以，你应该多了解对方所期待的评价。心理学家认为，人是这样一种动物，他们往往不满足自己的现状，然而又无法改变它，因此只能各自持有一种幻想中的形象或期待中的盼望。他们在人际交往中，非常希望他人对自己的评价是好的，比如胖人希望看起来瘦一些，老人愿意显得年轻一些，急欲得到提拔的人期待实现这一天等。

四、适度地赞美

在和陌生人见面之前，应该从侧面了解一下对方的情况，尤其要知道他有什么优点或者特长。当见面介绍寒暄之后，抓住机会，借此发表一番"外交辞令"，把他的才能、成就、天赋、地位、特长等做适度的炫耀与渲染，这不仅活跃了气氛，而且可以让对方感到自己深深地为你所了解、所倾慕。尤其是利用这种方式把对方推荐给第三者的时候，更加有效果。

五、打破严肃

与陌生人初识，有时只需抓住对方工作或者生活中的某一个细节，就会很顺利地叩开双方沟通之门。

可以认真观察一下身边的一些陌生人，看看他们是不是有比较特别的地方，比如对方穿着上是否有异域风情的配饰，比如对方使用的手机款式让你非常青睐……谈论这些细节很可能会立刻吸引对方的兴趣。聊天的话题最好选择节奏感比较轻松明快的、无须费劲思量的，这样就不会让人对你产生反感心理。

六、建立信任关系

有的人在与陌生人交谈时，特别喜欢向对方表示亲密的态度或用甜蜜的语言与之接近，然而，这样不仅无法达到拉近关系的目的，还会引起对方警戒，甚至受其轻视。所以信任非常重要。古人说："言必信，行必果。"有的人用人朝前，不用人朝后，这种观念是错误的。人们不能过着自私而有效率的生活，只想以自己的方式操控对方，是建立不起信任的。所以如果有意与人交流，保持信任的关系，是必不可少的条件。只要得到他人认同，而你也自认不辜负他人时，如此就能建立信任，达成圆满的交际效果。做到这些，相信你将能发现与陌生人相处的乐趣与效果。

把自己漂漂亮亮地介绍出去

　　初次见面时的交谈是最重要的。如果会谈一开始就出师不利，要挽回这种劣势，不仅需花费九牛二虎之力，且还不一定有用。因此，在与别人见面时，对于开始的"自我介绍"，绝不可掉以轻心。从交际心理上看，人们初次见面，彼此都有一种了解对方，并渴望得到对方尊重的心理。这时，如果你能及时、简明地进行自我介绍，不仅满足了对方的渴望，而且对方也会以礼相待，自我介绍。这样，双方以诚相见，就为进一步交往奠定了良好的基础。

　　莫里斯在华盛顿当美国使馆的官员时，有一次，一位别国的傲慢的官员来访，要求立即会见大使。

　　"请稍等，大使很快就会来的。"莫里斯说。

　　来访者看到莫里斯对自己的接待如此简单，十分生气，说："年轻人，你知道我是谁吗？"随即背出了一长串头衔。

　　"那么，请坐两张椅子。"莫里斯说。

　　显然，傲慢的官员冗长的自我介绍令莫里斯感到厌烦。可见，他介绍自己没有把握好分寸。生活中，我们在与别人交往的过程中，都有一个由陌生到熟悉的过程。然而，在这个过程中首先要做的就是要适时地介绍自己。这种介绍可以由第三者出面介绍，也可以自我介绍，但不论采用何种介绍方式，都不宜采取太冷淡或太随便的态度。

　　特别是自我介绍的时候，更要注意自己的言谈举止，做到恰当得体。因此，在与陌生人见面的时候，为了得到陌生人的好感，你不妨掌握一些自我介绍的方法。

一、正式介绍

正式介绍是指在较为正式、郑重的场合进行的介绍。总的原则是:年轻者或后辈被介绍给年长者或前辈,男性被介绍给女性,一般来客被介绍给身份较高的人等。

具体来说是这样的:

如果把一个男士介绍给女士,在介绍过程中,女士的名字应先被提到,然后再提男士的名字。但如果你要介绍一男一女相识,而男士年纪比女士大得多,则应该将女士先介绍给这位男士,以示尊敬长者。

在同性别的两人中,应是年轻者被介绍给年长者,同样是表示对长者的尊敬。在年龄相差无几的男士中,并不讲究先介绍谁,但如果其中一人在社会上有一定的知名度或德高望重时,另外一位应当被介绍给他。另外,通常是未婚者被介绍给已婚者,除非是未婚的男士(或女士)年龄比已婚者大得多。介绍时,最好把对方的工作单位、成就及所读的学校顺便提一下。

当你被介绍给对方后,通常要做的礼仪是握手,面露笑容并说一声"您好",在需要表示庄严郑重或特别客气时,还可以略施一躬,如感到见到某人特别高兴,则可以说:"见到您真高兴。"

二、非正式介绍

非正式介绍是指在一般的、非正式场合所做的介绍。这种介绍不必过分讲究正式介绍的规则,如果大家都是年轻人,就可以轻松、随便一些。比如介绍人可先说一声"让我来介绍一下",然后就做简单的介绍。也不必遵循先介绍谁、后介绍谁的次序,最简单的介绍方式是直接报出被介绍者各自的姓名,当然也可加上"这位是""这就是"之类的话以加强语气。采用这种较为随便、朋友式的介绍方法,可使被介绍者感到自

然、亲切。至于把一位朋友介绍给大家时，只要说一句"诸位，这位是×××"也就可以了。

三、一般介绍

一般介绍是指人们在日常生活中的介绍。要注意：在简单介绍中，必须先提女士的名字，然后再说男士的名字。

四、在聚会上的介绍

一般在宴会、舞会或普通集会上，由于来宾较多，这时不必逐一进行介绍，主人只需介绍坐在自己旁边的客人相互认识即可，其余客人可自行和邻座聊天，不必等主人来介绍。在家庭的聚会上，可以向适当的一小部分人介绍后到的客人。

五、自我介绍

在日常交往中，自我介绍是必不可少的。但在介绍自己时，一定要重视那个或那些与你打交道的人，要随机应变。如你面对的是年长、严肃的人，最好语言认真规矩些；如与你打交道的人随和且具有幽默感，你不妨也比较放松地展示自己的特点，做出有特色的自我介绍来。

在一般社交场合，自我介绍主要包括自己的姓名、工作单位、身份等。例如："我是某某，在某某单位（或地方）工作。"如果与新结识的朋友谈得很投机，双方都愿意更多地了解对方，介绍的内容可以适当增加，例如自己的籍贯、母校、经历等。

自我介绍的内容要根据交往的具体场合、目的、对象等实际情况而定，不可盲目，一概而论。

一般有以下几种自我介绍方式和相应的介绍内容：

1. 应酬式自我介绍

应酬式自我介绍适合于一些公共场合和一般性的社交场合，如旅途中、宴会厅里、舞场上、通电话时等。这种介绍的内容应以简洁为好，往往只需介绍自己的姓名即可。

2. 工作式的自我介绍

工作式的自我介绍也叫公务式的自我介绍，适用于工作之中。它是以工作为中心的自我介绍，为此，这种介绍的内容应包括三方面，即姓名、单位和部门、职务或具体工作，介绍时应报全称。

3. 交流式的自我介绍

交流式的自我介绍是在社交场合寻求与对方进行沟通、交流为目的的自我介绍。这种介绍可以包括姓名、工作、籍贯、学历、兴趣及与交往对象的某些熟人关系等内容。

4. 礼仪式的自我介绍

这是一种表示对于交往对象友好、敬意的自我介绍。适用于讲座、报告会、庆典等正规又隆重的场合。这种自我介绍除了姓名、单位、职务外，还应该加入一些适宜的谦辞和敬语，以表示自己的礼貌。

5. 应聘式的自我介绍

这种自我介绍主要适用于应试、应聘和公务交往。这种介绍形式的内容主要有姓名、单位、专业、学历、职务、职称、年龄、政治面貌、籍贯、教育背景、工作经历、专长、成绩或业绩、兴趣等。这些内容是介绍的重点，同时，还要根据现场的情况，见机行事地介绍一些相关的内容。

总之，当你与陌生人初次见面的时候，首先要让不认识、不了解自己的人对自己有个大概的认识。所以，尽可能在短时间内，简明扼要地介绍自己，给对方留下深刻印象才是上策。

营造出适合交谈的愉悦气氛

同陌生人交往,要学会营造轻松愉快的气氛。活跃气氛对初次交往非常重要。只有气氛好了,你才有机会赢得对方的好感,才能进一步拉近彼此之间的距离。

那么,该如何活跃气氛,把陌生人变成好朋友呢?这里有一些实用的小手段。

一、自我嘲讽

在与他人的交往过程中,能够自我嘲讽的人往往都是心智成熟的人。从心理学角度来讲,自嘲是一种幽默的生活态度,是聪明人的智慧火花;自嘲,是幽默的最高境界。自嘲也是高尚人格和自信的体现,它表现的是自嘲者的低姿态,以及良好的修养,自嘲实际上是当事人采取的一种貌似消极,实为积极的促使交谈向好的方向转化的一种手段,所以,自嘲者敢于拿自己"开涮",而不伤害任何人。可以说,它既是一种幽默的说话方式,也是一种幽默的生活态度和心理调节的方式,能增加生活的乐趣、能解除尴尬、能拉近人与人之间的距离,表现出一种人生智慧。

二、把庄重寓于诙谐

社交场合需要庄重的气氛,但如果始终保持庄重,就会使气氛显得紧张。把庄重寓于诙谐之中的交谈方式比较自由,在许多场合都可以使用。用风趣幽默、诙谐的语调缓和一下气氛,同样可以表达较重要的内容。

三、来点小恶作剧

当和对方交谈到一定时候，利用恰当的时机，善意地、有分寸地来点恶作剧并不是坏事，双方自由自在的嬉戏，享受不受束缚的"自由"和解除规则的"轻松"，是非常难得的事情。恶作剧具有出人意料的效果，它起于幽默，让人欢笑。但是在使用的时候要小心，分清对象，如果对方是一位非常严肃且不苟言笑的人，此招慎用。

四、要努力营造一种轻松愉快的气氛

既不要使自己感到拘谨，也不要使对方感到拘谨，如果对方是一个比较腼腆的人，那么你就应该设法使他放松，聊一些无伤大雅的事情，而且越轻松越好，以此来融洽你们之间谈话的氛围，消除彼此之间的心理界限。但是要遵守一个原则，要让对方多说话，要随时留心对方态度的变化，充分尊重对方的兴趣点。当对方与你谈话十分惬意时，千万不要打断他的谈话；而当对方想要转入下一个话题时，你也应巧妙地引出另一个话题。同时，在说话的时候，你的眼神、语言要给对方一种理解、愿意倾听、信任的感觉，切勿让对方产生不适的感觉。

五、利用道具化解尴尬

和陌生人初次见面，也许开始的时候会陷入尴尬，或者出现冷场。这时，你随身携带的小道具便可发挥作用。比如，你可以掏出自己的钥匙，做个借题发挥。有时候可能仅仅是一个杯子，也可以引发很多话题，能够唤起大家交流的兴趣。

六、以对方的兴趣为主导

每个人都觉得自己很重要，每个人都希望被别人看重。如果对方感觉到你对他的事情表示关注，那他就会认为他在你心中已经有了位置。

所以，在与人初次见面的时候，要尽可能让对方多讲话，在讲话过程中，要随时留心对方态度的变化。不要以为你感兴趣的对方也一定会感兴趣。对对方的兴趣，你要充分尊重。当对方谈兴正浓时，你千万不可打断他；而当对方兴趣转移时，你则不要纠缠原来的话题，而应随机应变地巧妙引出新话题。

七、没话找话

与陌生人首次交谈时，最好寻找对方也熟悉的人和事，以此牵线搭桥，引出话题。还可以巧妙地借用彼时、彼地、别人的某些材料为题，借此引发交谈。有人善于借助对方的姓名、籍贯、年龄、服饰、居室等，即兴引出话题，常常会收到好的效果。

当别人做完自我介绍时，你可以在他的名字上表现出你的兴趣。比如，你可以重复他的名字，并夸这个名字很好听，比如"很少有人会有这样的名字""你的名字很有品位"等；你也可以再具体问对方名字的写法，以示你对他的重视。这样一来，你会迅速赢得别人的好感。

八、谈话要直率而坦然

从你自己做起，你同他谈话要直率而坦然。最要紧的是可以让对方不感到拘谨。尤其是对那些比较害羞，很不习惯与同陌生人谈话的人，你一定设法使他放松，可以先同他谈些无关紧要的事，越随便越好。

交谈是一门艺术，是社交活动必不可少的内容，在社交中，特别是在与陌生人交往的时候，大家都显得拘谨，气氛过于严肃。这时候就需要出现令人愉悦的场面，为交谈营造一个良好的气氛，才能调动彼此的热情，放松心情，活跃谈话氛围。

巧妙激发陌生人的谈话欲望

许多人因为自己不知道如何开始谈话而受到阻碍，尤其是跟陌生人谈话更是困难重重，其实他们拥有丰富的趣味"龙头"，只要知道如何去打开它们即可。在这种时候，你应该学会如何去激起谈话对象的某种情绪，让他慢慢开始滔滔不绝。

有些和陌生人谈话的场合是不可避免的，那种紧张压抑的气氛抑制了大家说话的勇气，这时，必须想办法挑起一种让对方愿意谈话的欲望，让所有人都参与到交谈当中来。可见，你激发了他说话的情绪，让他心情放松，那么，你们之间的陌生感自然会消除很多。

一位靓丽的"摩登女郎"在一家首饰店的柜台前看了很久。售货员问了一句："这位女士，您需要买什么？"

"随便看看。"女郎的回答明显缺乏足够的热情。可她仍然在仔细观看柜台里的陈列品。此时售货员如果找不到和顾客共同的话题，就很难营造买卖的良好气氛，可能会使到手的生意溜走。

细心的售货员忽然间发现了女郎的上衣别具特色："您这件上衣好漂亮呀！""啊！"女郎的视线从陈列品上移开了。

"这件上衣的款式很少见，是在隔壁的百货大楼买的吗？"售货员满脸热情，笑呵呵地继续问道。

"当然不是！这是从国外买来的。"女郎终于开口了，并对自己的回答颇为得意。

"原来是这样，我说在国内从来没有看到这样的上衣呢。说真的，你穿这件上衣，确实很吸引人。"

"您过奖了。"女郎有些不好意思了。

"只是……对了，可能您已经想到了这一点，要是再配一条合适的项链，效果可能就更好了。"聪明的售货员终于顺势转向了主题。

"是呀，我也这么想，只是项链这种昂贵商品，怕自己选得不合适……"

"没关系，我来帮您参谋一下……"

聪明的售货员正是巧妙运用了语言这门艺术，激起了对方的说话欲望，然后顺势就推地引导那位陌生的女郎，最终成功地推销了自己的商品。同陌生人说话，由于双方素不相识、互不了解，如果不注意讲话的方式，交谈起来就会很困难。因此，找对合适的话题，激起对方的谈话欲望，就能使双方谈话融洽自如。

以下一些方法都能成为你与陌生人打交道的契机：

一、见面主动寒暄

当你与陌生人同坐一节车厢，或者一同购物，或者出入同一旅游景点，看到对方年龄与你相仿，衣着风格与你相近。见面了，你完全可以主动寒暄，大方地说一声"你好"或亲切地道一句"早啊"，别小看这两个字，传达出来的却是一种友善与热情。不要总觉得与陌生人素昧平生，没有主动示好问安的必要，也不要认为你先主动向他问好，就等于你逢迎他，而应该想到"人是最需要沟通的，你不主动，他不主动，那么你们之间就很难沟通起来"。如果有人向你问好，你不应该冷冰冰地

"嗯"一声,更不应该懒得理睬,因为这既没礼貌又显得你不通人情、没有教养。

二、要体贴他人,替他人着想

与对方初次见面,一个懂得体贴别人的人,总是设身处地为别人着想,不让别人紧张、拘束,更不会让别人尴尬难堪。据说,莎士比亚就具有善解人意的美德。在和人交往的过程中,他宽容灵活,能根据交往对象的不同特点,随着时间、地点的变化,进行应变。文学批评家威廉·哈兹里特指出:"莎士比亚完全不具有自我,他除了不是莎士比亚之外,可以是其他任何人,或是任何别人希望他成为的那个人。他不仅具备每一种才能以及每一种感觉的幼芽,而且他能借着每一次的命运改换,或每一次的情感冲突,或每一次的思想转变,本能地预料到它们会向何方生长,而他就能随着这些幼芽延伸到所有可以想象得出的枝节。"

三、以询问请教为契机

任何时候,在任何地方,多询问、多请教,是绝对没有错的。当你有不懂、不清、不识、不知的事情时,完全可以找个陌生人问问。例如,迷路了,方言听不懂了,东西叫不出名了等,都可以主动请教别人。不懂就问,当你们在一问一答的时候,自然就交流起来了。但总有些人不喜欢问,怕别人不知道而难堪,自己没问到而碰壁,其实这种担心是多余的。当然,询问和请教,都要以"热情和礼貌"开始,以"真诚感谢"结束。

四、保持理智,尊重他人

你尊重别人,别人也会尊重你;你亲近别人,别人也会亲近你。美国著名学者威尔·罗杰斯曾经说过一句很有名的话:"我从没遇到一个我不喜欢的人。"这句话或许有一点夸张,但我相信,这对威尔·罗杰斯来

说并不为过。这是他对人们的感觉，正因为如此，人们也都对他敞开心扉，就像花儿对太阳敞开心扉一样。

这只是常见的激发陌生人谈话欲望的方法。生活中这样的机会非常多，只要你想与陌生人打交道，你就能找到许多接触对方的机会。然而，有的人与陌生人在一起的时候，始终紧闭双唇，虽然他心里也非常想与对方聊起来，但就是不知道找机会打破僵局，以致双双沉默，气氛凝重，很是尴尬。

一般说来，初次相见或不太熟悉时，没有谁愿意向有困难的陌生人施舍什么帮助，因为他们不了解对方。这种想法固然有一定的道理，但正是这"一定的道理"把自己结识别人的大好机会给浪费了。善于交际的人是不会这么想的，他们认为与人方便自己方便，只有放下顾虑，才能赢得别人的感激与好感。

所以，很多交际高手在参加陌生人的聚会时，都会怀着结交新朋友的心态与人接触。他们认为，既然是朋友，就用不着拘谨，用不着自我防护，只需要激起对方的谈话欲望，同人自如地交谈就好了。因此，他们在聚会上往往表现特别活跃，也往往十分受欢迎。

三言两语让交情越来越深

我们经常会遇到陌生人，像在公交车上的邻座，火车里的上下铺，地铁里站在你旁边的人,同乘一部电梯,同在一个屋檐下躲雨,同一个考场的考生,参加同一次面试等,这都是与陌生人打交道的机会,只要你愿意与陌生人接近,你就有机会与对方结识。如果你只是沉默地对待别人,那样的气氛就很尴尬了。因此,在与陌生人初次见面的时候,要懂得与陌生人套交情。

一般和陌生人搭讪、套近乎,总是习惯以这样的方式开始:"您是哪里人?""哪个学校毕业的?""听口音,你家是南方人……"。初次见面,这些都算是挺好的话题,以此作为开始,继续交谈下去就会容易许多。其实,这绝不是简单的寒暄,而是以此达到与陌生人套近乎的目的,如果你达到了这个目的,那么,接下来的接触就会容易很多。

1984 年 5 月,美国总统里根访问上海复旦大学。在一间大教室里,里根总统面对数百位初次见面的复旦学生,他的开场白是这样说的:

"其实,我和你们学校有着密切的关系。你们的谢希德校长同我的夫人南希,都是美国史密斯学院的校友。照此看来,我和在座的各位自然也就都是朋友了!"

此话一出,全场鼓掌。短短的两句话,就使几百位中国学生把这位总统当作了十分亲近的朋友。接下去的演讲自然十分热烈,气氛极为融洽。里根总统能在如此短的时间内打动如此多的陌生人,拉近心理上的距离,靠的就是他紧紧抓住了彼此之间还算亲近的关系,主动与陌生人套近乎。

通常,面对一个陌生人,只要事前做一番认真的调查研究,往往都可以找到一些或近或远的亲友关系。而当你在沟通时及时用上这层关系,就能瞬间缩短心理距离,使对方产生亲近感,特别是突然得知自己面前的陌生人与自己有某种关系时,更有一种惊喜的感觉,从而打破那种陌

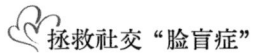
生感，激活对方说话的心态。

表面看起来，陌生人很生疏，与他套近乎难似上青天，其实不然，因为对方不了解你，同时也不好随便拒绝你。只要话语客气，礼貌表达，多在话里头抛几个"绣球"给他，自然关系就近了。

精于运用"自己人效应"

人与人之间需要一种认同感。这种认同感不一定是赞美的话语，但却是一种心灵上的默契。和有认同感的人交流，心情会感觉舒畅，会很自然地想和对方做朋友。一般来说，在一个陌生的环境中，首先能获得好感的，必然是与你有共同点的人，比如，与你有共同爱好的人、与你有相同出生地的人、与你有相同生活习惯的人、与你有相同经历的人，等等。因为我们通常会无意识地把这些人看成"自己人"，而提高对他们的信任度。这在心理学上叫作"同体效应"，也称"自己人效应"，是指个人把他人归于与自己同一类型，是知心朋友。每个人对"自己人"的话更信赖，更易于接受。

"同体效应"在人际交往中是普遍存在的，它可以使我们在最短的时间内取得对方的认同感，从而更好地实现我们与之交往的预期。我们常说某某人有亲和力、有感染力，实际上指的就是这个人很会运用"自己人效应"与人相处。很多人之所以交际效果欠佳，和不懂得"同体效应"

的影响有很大关系。

　　不久前，王女士到云南旅行，晚餐时来到一家小餐馆，进门看看有没有位置，眼光一扫发现在最内侧还有一处空位，但不知是否有人预约。

　　犹豫片刻，她走过去主动向坐在空位旁边的那位先生打招呼，亲切爽朗地说了声："你好。"

　　对方也非常有礼貌地回了她一声"你好"。

　　王女士接着问这位先生："请问这位子有人坐吗？"

　　对方回答："没有人坐。"

　　王女士便说："我是否可以坐在这里？"

　　对方心情非常愉快地回答："当然！请坐。"

　　王女士坐下之后同对方闲谈说："我是今天才从北京来这里的，云南的街道真是古意盎然，许多白色墙壁的建筑，看了之后让人心情平静了许多。"

　　对方亲切地回答说："你是从北京来的啊！那你去过某某地方了吗？那个地方是很有历史内涵的。"接着，他向王女士谈起了云南的风土人情、自然景观。这位先生又给了她一张名片，原来他是云南新闻社的业务主任。王女士也谦虚地递上了自己的名片，这位业务主任看到王女士的名片惊喜地说："哦？你在广告公司高就啊！今天能够遇见你真是太有缘了！是这样的，我们公司想在北京成立一处新部门，正想找一个广告公司合作呢。"

就这样，第一次见面的陌生人，竟然达成了生意上的合作，真是意想不到。他们的交谈与成功，就在于找到了认同感。双方的认同感、接近处正是进行交谈的突破口。同陌生人闲谈最重要的就是能够尽快地找到双方的认同感。那么，怎样才能找到自己同初次见面的人的认同感呢？

一、了解对方

要善于捕捉对方的信息，寻找其积极的、你可以接受的观点，形成一种默契和好感。

二、寻找彼此之间的共同点

比如，性格、认知、血缘、地缘、志向、兴趣、爱好等方面。

三、在适当的时机表现彼此之间的"同体"之处

找到彰显双方一致的地方之后，就可以寻找适当的时机将这种"一致"表现出来，但时机一定要把握好，否则会让人产生牵强附会、溜须拍马之嫌。

四、以"同体"之处为话题

"同体效应"最为关键的一步是：以"同体"之处为话题，比如说说共同的生活方式、共同的解决问题的方式、双方熟悉的一些东西等。只有再次明确"同体"之处，"同体效应"才能产生。

五、地位平等

不要总是觉得自己高高在上，这样很容易让人对你产生不好的印象，让人难以信赖你，影响你的人际交往，更不利于"同体效应"的实施。

将问候语说出似曾相识的感觉

两人在见面的时候，问候是社会交往的一种手段，是沟通彼此之间感情、营造和谐气氛的一种方式。陌生人相见时，几句得体的问候语有助于彼此之间的了解。在问候中要体现出坦率、真挚、热情，但不恭维、虚伪和冷淡。说话时要委婉、恰到好处，言语不宜过多。好的问候语则能够把两个陌生人之间的距离拉得很近。这种热情能融化冰川，让人感受到你的温暖，让他人对你产生"似曾相识"的感觉。

有一次，一位心理学家应邀到一处少年教养院，为服刑的青少年辅导。当他面对年纪轻轻的罪犯时，一时间不知道该怎样称呼对方。

如果称对方为犯人，必然会让对方产生反抗心理，对辅导教育反而是不利的；称先生，显然也不合适，最后他用了"误触国家法律的年轻朋友"这一个特别的称呼。

谁知，这一称呼竟收到意想不到的效果，那些少年犯听到这一称呼时都专注地凝视着他，有的还激动得哭了。辅导自然收到了很好的效果。一句问候语往往包含了三种含义：我把尊重送给你、我把亲切感送给你、我十分珍惜我们之间的友谊。而当我们把这三样礼物，通过一句问候语送给对方的同时，也表现出自己的热情、开朗、风度以及涵养。

西方有位文学家说："只要热情犹在，哪怕青春消逝。"所以西方人见面时总是满面笑容地彼此问候"你好吗？""早啊！"之类的话。而类似的问候语，能够使我们和他人之间产生和谐、友善、热情和尊重的气氛，就像"请""谢谢""对不起"一样，都能显示语言调适心灵的乐趣，显示我们对他人的尊重、与人为善的功能，所以我们千万不能忽略它们的作用。

初次见面，尤其是陌生人，一句真诚的问候，会让对方感到亲切，消除对方的陌生感。

王刚的家在外地，他经常坐火车回家探亲。一坐就是十几个小时，他经常主动同周围的人打招呼，"您好，也是回家探亲吗？"或者说："您好，能不能把您的报纸借我看一下。"于是原本陌生的人聊了起来。王刚说，每次坐车他都能认识几个朋友，分手时互相留下电话，像老朋友一样亲切，长时间的旅途非常愉快。

初次见面一般习惯于用"您好""你好""久仰"等话语来问候他人，可也有一些本来不是单纯的问候用语，却可以在问候中巧妙地运用，这些言语包括：

1. 歉意的语言：对不起、实在抱歉、劳驾、过意不去、不大合适、失礼、请原谅；

2. 慰问的语言：辛苦了、受累了、麻烦了；

3. 同情的语言：太忙了、不得了啦；

4. 拜托的语言：承蒙关照、拜托、劳驾、麻烦；

5. 致谢的语言：多谢，感谢、破费、费心、拜谢；

6. 挂念的语言：身体好吗、照顾好自己、希望你一切都好；

7. 赞赏的语言：太好了，太棒了、非常优秀；

8. 询问的语言：贵姓、尊姓大名，贵庚、芳龄几何；

9. 尊称与谦称：阁下、仁兄、贤弟、令尊、令堂。

上面的这些言语虽然也有单独使用的，但如果同日常问候用语结合起来使用，可以收到更好的效果，使对方迅速做出预期的反应，这些问候语，要不断地使用直到很熟练，遇到陌生人才能及时使用相关恰当的问候语。

自我保护意识是人与生俱来的天性，尤其在陌生的环境里，人人都习惯板起一副面孔，保护自己内心脆弱的一面，以免受到外界的侵害。结果陌生的环境还是陌生的环境，而你的担心依然存在着。

面对陌生人，如果我们能够放下那种冷冷的面孔，不再绷紧自己的神经，用亲切的眼神凝望着对方，学会在陌生的环境中问候他人，保持一种放松的心态，相信即使只是一个擦肩而过的过客，也会对你投以微笑。

所以说，面对陌生人，你懂得问候，那么，你就学会了在与人之间架设起一座知心的桥梁，握住了开启他人心扉的钥匙。

结束语要有续写友谊的作用

与新认识的朋友交谈的时候，应该自始至终都保持热烈友好的气氛，然而，有些人往往忽略这一点，顾头不顾尾，结果给对方留下坏印象，影响第二次沟通；相反，如果你能礼貌地结束谈话，对方给你打的印象分会很高。

所以，当交谈必须在某一时刻结束时，你一定要注意结束的方式，不能以唐突、粗暴的语气结束谈话，那么无论你们之前的谈话多么成功，都会功亏一篑。

李静在一次聚会上认识了汪峰，二人相谈甚欢，并互留了电话，约定有时间一起吃饭。

但是，聚会结束之后的一段时间里，李静都没有收到来自汪峰的电话。李静有心邀请他一起吃饭，但又觉得自己是个女孩子，主动打电话给对方有些难为情，于是就放弃了这个想法。一段时间以后，这个人也就被李静渐渐地淡忘了。

时隔一年之后，已经成为公司业务代理的李静在一次商务洽谈会上再次遇见了汪峰，他此时正是对方的代表。开始，李静觉得对方很眼熟，思来想去终于记起他是谁了，但对方对李静却一点印象也没有了。

最后，由于两边意见谈不拢，生意没有做成。回到公司的李静懊悔不已。心想，当年自己与汪峰也算是很投缘的，如果当初给他打了电话、约他出来吃饭，那说不定现在已经是好朋友了，这么重要的生意或许就会谈成。

的确，在一次谈话结束后，续写友谊的篇章是很重要的。为了不让友谊随着谈话的终止而结束，那么你就要选择结束谈话的最佳时机。

一、总结对方和你本人的看法，强调共同点。这种做法是很有必要的。这样做时一定要注意保持客观，不带偏见，以对方能接受的方式总结。换言之，以尽可能有利的方式描述对方的看法。

二、我们可以采取的最为委婉的方式就是：你可以说"你好，这是我的名片，欢迎你随时打电话过来。""你的电话和地址我都有了，在我需要的时候，我会打电话给你。""现在正好是下午五点，要不要留下来一起吃晚饭？"

三、可向对方提出一些积极的希望。如："我知道你会尽可能把事情办成功的。"

四、如果你想同对方结束谈话，你就要留心对方的暗示，一旦发现对方利用"肢体语言"做出暗示，便趁势提议结束谈话，如"您还有别的事情吧，那我们以后再谈吧"。

五、有些情况下，如果对方需要时间来思考你的话，需要过一段时间继续聊这件事，那么，你就需要说一些能继续进行下一次谈话的结束语，使关于这件事情的相关问题以后能继续进行。如："如果你愿意，我们可以再约个时间进一步讨论这个问题。"

六、如果是你自己想结束谈话，又不好意思直接用语言结束谈话，也可以用肢体语言来暗示对方。比如时不时地看下手表，并做出有急事的样子，也可以做出疲倦的样子，这样和你谈话的朋友知道你有事情要做，一定会知趣地离开。

七、如果对方没有注意到你的暗示或者没有理解你的意思。那么，你最好采用礼貌的语言来结束谈话。比如你可以用"占用你的时间太多了""影响你的休息了"等话语来作为结束谈话的理由，以表示对对方的尊重。你也可以邀请再次见面："非常高兴认识你这个朋友，与你聊天是一件令人高兴的事情……"

八、如果你与对方谈的是一笔交易，那么，你的结束语将更加重要，一次好的结束可以巩固你的交易。据统计，一个冠军销售员的销售量 50% 来自处理客户反对意见的谈话结束法，40% 来自克服拖延的能力，10% 来自你坦率说"不"的能力。

所以，在与交易对象结束谈话的时候，你可以说"我们可以保证在××时间交货，如果您觉得没问题，在这里签个字就可以了。"也可以说"我确认一下，这是您要的产品，您验收一下，明天送货。"或者说，"恭喜您做了正确的抉择，您选择了一件非常好的产品。"或者说"谢谢您，希望您能了解我内心的感激，我会尽全力提供给您最佳的服务，来证明您的抉择是明智的。"再或者说"对不起，时间不早了，我还有个客户等着用这个产品，我得马上走，谢谢。"

结束谈话，不是只道一声"再见"就完事走人了，临别前要给人留下良好的印象，要得体而不失礼，给对方留下好印象，为续写下一段的友谊打下基础。

把对方名字牢牢记在心里

记住人们的名字，而且很轻易就能叫出来，等于给予别人一个很巧妙而又有效的赞美。如果把别人的名字忘掉或者写错，你就会处于一种非常尴尬的局面。

因此，如果你想要获得对方的好感，并且能让别人帮助你，请记住：记住别人的名字，对每一个人来说都是交往时最甜蜜、最重要的声音，而这也恰恰是你迈向成功的开始。

记住陌生人的姓名，不仅是现代处世的基本礼仪，也是使对方产生良好印象的最好方法，这种本领，在交际场中，大有用处。人家对你十分熟悉，你偏叫不出他的姓名，虽然可以用含糊的方法敷衍过去，但心里终究觉得不安，有时因为地位的关系，你应该先招呼对方，而对方却不便先招呼你，你如记不住对方的姓名，不去招呼他，他会误认你是自大傲慢、目中无人，这就不好了。所以要想在交际场中占到优势，熟记对方的姓名，是一种必不可少的功夫。

一位心理学家曾说：在人们的心目中，唯有自己的姓名是最美好、最动听的东西。人们在日常应酬中，如果一个并不熟识的人能叫出自己的姓名，就会产生一种亲切感和知己感；相反，如果见了几次面，对方还是叫不出自己的名字，便会产生一种疏远感、陌生感，增加双方的心理隔阂。许多事实也已经证实，在社交中，广记对方姓名，有助于友谊的开展，并助其成功。

记住对方名字，并能叫出对方的姓名，这不仅是社交场合中的一种基本的礼貌，更是交际场上值得推行的一个妙招。回想一下，对于轻而易举记住你名字的人，你怎能不感到十分亲切呢？

在交际场上，如果第一次见面时，你给对方留下的印象不错，可是在第二次见面时，你却无论怎样也叫不出对方的姓名来，那么，对方心里一定十分不痛快，认为自己在你心目中没有分量，进而影响以后的交往。那么，原本给对方留下的良好印象，或者说你为此而打下的友谊基础，这一下就荡然无存了。

所以，在与对方初次交往的时候，首先叫出对方的姓名，这对你有重要的意义。然而，在生活中，我们也并不排除有很多人确实有这种本领，在初次见面的时候就能叫出对方的姓名，比如，有的老师能够在初次见面时就叫出学生们的姓名，其实并没有什么神秘方法。只是预先做了别人不肯做的功夫，就是把学生的照片反复辨认，把许多相片，作为一本有趣味的新书读，连续几天，把所有的照片都全部认熟，每个人的相貌，都印入他的脑子里，与普通熟人，一般无二，所以一见如故，不待问明姓名便可很自然地叫出对方的姓名，使他不由得大吃一惊。但是普通人通常不肯下这种烦琐而乏味的功夫，要熟记陌生人的姓名，从照片上认识相貌，同时与姓名一起熟记，是很容易办到的事，比方有一张团体照片，你有意熟记照片上的人，相信每天只要花十分钟工夫，不到三五天就可以完全认识。

如果你所遇见的人，没有照片，那么预读照片的办法便无法应用了。这时你不妨利用见面的机会，细细辨认一下，他的身体有什么特征，比方身材特别高，是个彪形大汉，这是特征；身材细长，像个电线杆，也是特征；双目明亮，或细如鼠目，也是特征；嘴特别大，鼻子特别高，也是特征；头上秃顶，也是特征；走起路来，一拐一拐，还是特征；双耳招风的，同样是特征。人都有特征，有的人其特征还不止一处，你把他的特征，作为新奇事物看，同时与他的姓名连在一起，在短时间内一再反复辨认，就自然会记得很熟了。

不过还有一点必须注意，在做辨认功夫时，态度必须自然，不要显出正在辨认的神情，使对方察觉。这当然也要有相当的小聪明，双目盯牢，端详不已，有失体统。尤其是对于女性，这种动作就足以使对方面泛红晕，局促不安了。

记住对方的名字，不仅是对对方的尊重，更是对对方巧妙的赞美，名字给他们的是一种属于自己的感觉，一种与众不同的感觉。这充分表明对方在你心目中的重要，而相对于他也会认为你对他很重要。

社会是复杂多变的，人际关系的好坏决定了一个人的成功指数，我们懂得一些社交技巧十分有必要，记住他人的名字和职务并恰当地称呼，特别能给予人良好的印象，能使对方感到你在关心他，在乎他，使他愉快和欣慰，从而为自己打开一条通往成功的道路。

第四章

突出个性色彩
——用人格魅力，铭刻属于你的社交印迹

个性，就是我们区别于他人的独特精神面貌，包括性格、能力、气质等。心理学家指出，人们对于初次交往的人，印象只会做短暂存留。按照莱斯托夫效应的观点，如果你想让别人长时间记住自己，就必须突出自己的个性和特色，让自己最突出的个性成为对方记忆的焦点。

有个性色彩才会让人过目不忘

保持自我本色，对一个人的成长、发展非常重要。不能保持自我往往是人们潜在的很多神经及心理方面问题的病因。安吉罗·斐尔奇写过13本书，还在报纸上发表了几千篇有关儿童教育的文章，他曾说过："一个人最糟的是不能保持自己的特色，并且在身体特别是心灵中不能保持自我。"

陈太太曾是个普普通通的女孩，但她总觉得自己跟别人"不一样"。她曾因极力模仿别人无果，而几度要自杀。她说："我的身体长得太胖，脸颊圆润，这使我看起来更胖，我的母亲非常传统，她认为把衣服穿得太漂亮是不明智的，而且她认为做得宽大一点更耐用，我从不参加任何聚会，也没有什么值得开心的事。上学后我也很少参加学校的集体活动，这使我总觉得自己跟别人'不一样'。

"后来，我嫁给了一位比我大许多岁的丈夫，但我还是没有任何变化。我丈夫的家是有修养的家庭。我想要和他们一样，但就是心有余而力不足。我努力模仿他们，也总是无济于事。

他们也曾几次帮助我，但总是适得其反，反而把我推到更糟糕的处境。我越来越神经质，害怕见到所有的朋友。一听到门铃声我都会惊慌，后来我是彻底地崩溃了。我对自己很清楚，担心丈夫有一天会发现真相，所以每次在公共场合，我都尽量显得愉快，甚至装得有点离谱。我明白自己当时表现得过度差劲，而后便深深地自责，甚至事情过后的几天里我都显得精疲力竭。最后，我实在怀疑自己是否还有活下去的必要，于是我开始想到了死。

"改变我一生的只是源于普普通通的一句话。有一天，我婆婆告诉我她是如何教育子女的，她对我说：'无论遇到什么事，我总会要求他们保持本色……''保持本色！'这几个字恰似一道圣光闪过脑际，我猛然间发现自己所有的不幸都起源于我始终把自己的身心装入了一个不属于自己的格式中，我其实一直都在迷失自我，这多么可怕呀！

"要还原自我本色！我试着研究自己的个性，认识自己，找出自己的优点。我开始主动学会生活，我加入一个团体，虽然只是一个小团体，但当他们请我主持某项活动时，我也很害怕。通过自己不断克服思想障碍，我积极参与其中，每次都得到了更多的勇气。这的确是一段相当漫长的过程。我终于找回了自我，说实话，现在我比过去快乐得多。当我教养我自己的儿女时，我一定会把自己这些历经苦难才学到的人生经验告诉他们：'不论发生什么事，永远要活出你自己的精彩！'"

遗传学告诉我们，一个人是由父亲和母亲各自的 23 条染色体组合交配而成的，这 46 条染色体决定了一个人的特点，每一条染色体中有无数个基因，任何单一基因都足以改变一个人的性格特征。

科学表明：父母孕育了自己，但只有 300 万亿分之一的概率才可能有一个跟自己完全一模一样的人。也就是说，即使你有 300 万亿个同胞，他们也都跟你不同，所以，你应该为这唯一的一个你而感到骄傲。

当玛丽·马克贝德第一次上电台播音时，她试着模仿一位爱尔兰明星的形象与口音，但并没有产生什么好的效果。直到她以本来面目——一位由密苏里州来的乡村姑娘——她才成为纽约市最红的播音明星。

吉瑞·奥特瑞一直想改掉自己的乡下口音，在打扮上也模仿城市人，他还对外自称是纽约人，结果招致许多人背后的嘲笑。后来他开始重新弹起自己心爱的三弦琴，演唱他拿手的乡村歌曲，才奠定了他在电影和广播领域最受欢迎的牛仔地位。

你在这个世界上是一具全新的个体，你应该为此而高兴。你如果想开发自己所有美妙的天赋，你就尽可能地展现、张扬你本来的个性吧！如果你努力了，总会有好的结果。归根结底，所有的艺术都是一种自我个性的体现。

爱默生在他的短文《相信自己》中说过：一个人总有一天会深刻地感觉到，嫉妒是无用的，而一味地模仿他人无异于死路一条。无论何时何地，能够帮助你的只有你自己，只有耕种自己的田地，才能收获属于自己的果实。上天赐予你的能力是独一无二的，只有当你自己努力尝试和运用时，你才会知道这份潜能对于你到底意味着什么。

不要刻意地让自己去变成另一片树叶，活出一个人的精彩才会快乐，才会让人记忆深刻。

把自己的优点涂抹成诗

如果有人问你这个世界上你最欣赏的人是谁，你又会怎么回答呢？或许在你心里有很多自己崇拜的偶像，或许你认为与他们相比自己是微不足道的。但是，作为一个成熟的人，我们是不是也应该留几分钟好好欣赏一下自己呢？这种行为，你可以说它是自恋，但其实这更是一种自我的激励，一种从稚嫩走向成熟的表现。

人，不能总是躲在自卑的角落，否则你将错过很多被人欣赏的机会，我们应该拿出一点时间来好好地欣赏一下自己，搞清楚自己的优点在哪里，更擅长什么。只有这样我们才会以更准确的奋斗目标，去彰显自己的成熟本色。有的时候，欣赏自己是一种有内涵的表现，如果连你自己都不知道自己的优点在哪里，又怎么能赢得别人的认可呢？

欣赏自己，就是一种自信的表现，是一种拥有强烈自尊的表现，是一种拼搏不息的自强和鲜明的自爱；欣赏自己，欣赏那"少年壮志不言愁"的乐观，学习那种在海中乘风破浪的蓬勃朝气和赛场上那不甘落后的飒爽英姿。

其实，欣赏自己，更多的是一种自我肯定，但绝不是那种自以为是的孤芳自赏，更不是包庇自己的缺点与错误；欣赏自己，是把生活的信心重新带进生活，把一串串美丽的梦想变成神奇的现实，把一个个平淡的日子装扮得五彩缤纷。

有这样一则小寓言故事：

一个渔夫从海里捞到一颗珍珠，他欣喜若狂。可回到家里一看，发现珍珠上有一个小黑点。渔夫觉得很不舒服，他想，如能将小黑点去掉，珍珠将变得完美无瑕，肯定会成为无价之宝。

渔夫决定后便找出工具来开始去黑点，可剥掉一层，黑点仍在，再剥掉一层，黑点仍然在，剥到最后，黑点虽然没了，珍珠也不复存在了。

世界并不完美，一个人也不可能十全十美。当发现自己的缺点之后，重要的是坦然面对，去寻找自己的长处弱化自己的缺点。

王旭鹏长相一般，外表没有丝毫的吸引人之处。为了改变自己的命运，他毅然报考成人教育。苦心终于没有白费，王旭鹏如愿了。但他在同学中一点儿也不起眼，为此，他的自卑感很强。他心情日渐忧郁，上课时也总是无精打采的，他觉得生活对自己来说毫无值得留恋之处，于是便想跳河自杀。一位老者刚好路过，救了他，对他说："人有两条命，一条是属于你自己的，刚才你已经自杀捐弃了；还有一条是属于众生的，愿你加倍珍惜这一条生命。"王旭鹏听完，笑了。

老者觉得他的笑很有魅力，于是赞美了他一番。老者说："每个人都不可能是完美的，你要看到自己的长处。你总是觉得自己不够帅气，但今天你笑起来的样子却显得格外亲切。"

王旭鹏听完后很开心，从此他便笑脸常开，觉得生活也突然变得丰富多彩起来。后来他渐渐有了自信，最终成为一位著名的节目主持人。

欣赏自己，就要把自己涂抹成一首诗。怎么解读你，那是别人的事情：有人喜欢，那是因为他的心灵可以与你共鸣；有人厌恶，那也正常，那是因为他还缺乏品位你的知识素养。只要你充满真诚，相信越来越多的人能发现你语言里包含的隽永。

每个人都既有优点，又有缺点，也有不足的地方，我们应该懂得接受自己、欣赏自己，等我们自己有了良好的感觉后，才能自信地与人交往，才能出色地发挥自己的才能与潜力。

品性就是你身上的特殊性

日本一位商店经理林江健雄曾经说："有些人生来就有与人交往的天性，他们无论对人对己、处世待人、举手投足与言谈行为都很自然得体，毫不费力便能获得他人的注意和喜爱。可有些人便没有这种天赋，他们必须加以努力才能获得他人的注意和喜爱。但不论是天生的还是努力的，他们的结果无非是博得他人的善意，而那获得善意的种种途径和方法，便是人格的发展。"

法国银行家莱菲斯特没有发家时，因为没找到工作，只好赋闲在家。有一天，他鼓起勇气到一家大银行找董事长求职，可是一见面便被董事长拒绝了。

他的这种经历已经是第52次了。莱菲斯特沮丧地走出银行，不小心被地上的一根大头针扎伤了脚。"谁都跟我作对！"他愤愤地说道。转而他又想，不能再叫它扎伤别人了，就随手把大头针捡了起来。

谁想，莱菲斯特第二天竟收到了银行录用他的通知单。他在激动之余又有些迷惑：不是已被拒绝了吗？

原来，就在他蹲下拾起大头针的瞬间，董事长看在了眼里，董事长根据这件微不足道的小事，认为他是个谨慎细致而又能为他人着想的人，于是便改变主意雇用了他。

莱菲斯特就在这家银行起步，后来成了法国著名银行家。

莱菲斯特的机遇表面上只是拾起一根大头针，看似偶然，但他能在自己落魄之时都保持良好的行为，就说明他品德情操十分高尚。

那位从细微处见精神的董事长更是一位识人高手，是他发现了莱菲斯特这匹千里马。莱菲斯特之所以能够成功，很大程度上得益于那位董事长识人的独到之处。

只有具备了健全的人格魅力，才能获得人们的喜爱与合作。由此，凡是世间的智者贤人，都会经常把人格的特征尽力地表现出来。

随时不忘表现你的亲和力

亲和力是一种难得的魅力，它能唤起人们的爱心，并能使人愿意与你交往，亲和力在人的情感上是使情感归依的起因，同时也是激发人际交往的动力，它对平衡人类心理和克服势单力薄的不足，起着非常重要的调节作用。它可以在无形之中缩短彼此之间的差距，进行平等的沟通。

进一步来说，人们在人际交往中往往存在一种倾向，即对于自己较为亲近的对象，会更加乐于接近。这里的"较为亲近的对象"，往往是指那些与自己存在某些共同之处的人。这种共同之处，可以是血缘、姻缘、地缘、学缘或者业缘关系，可以是志向、兴趣、爱好等，也可以是彼此共处于同一团体或同一组织。前文中也提到过我们通常把这些较为亲近的对象称为"自己人"。

毋庸置疑，在其他条件相当的情况下，人们对"自己人"的心理定势往往是肯定的，自己人之间的交往效果也就更为明显。因此，在交往中，交往双方都应当努力创造条件，形成双方的共同点，从而使彼此都处于"自己人"的情境之中。

历史上有这样一个故事：有一年闹蝗灾，为了消除蝗灾，保护老百姓的庄稼,唐太宗举行了盛大的祭天仪式,而且当众把一只蝗虫吞下,并很动情地说:"上天啊!让虫子吃我的心肝吧,不要吃老百姓的庄稼了。"老百姓一听,"啊!原来皇上的心和我们是连在一起的!"全国老百姓都被这件事感动得热泪盈眶。在人民丰收欢庆时,唐太宗又到一个农家,尝一口农家饭,表示与民同乐,这同样让百姓感到皇上与百姓心连心。

社会心理学家纽卡姆在 1961 年曾通过一项实验表明,彼此之间态度和价值观越是相似的人,相互之间的吸引力就越大。这种共同之处,就如同一种舒服的黏合剂,会在交往的双方之间生发出认同感和好感,自然而然地,在彼此的交往中就会营造出良好的人际沟通氛围。上文中唐太宗正是利用了"亲和效应"拉近了自己与百姓间的距离。君民达到了这样一种同甘共苦的境地,从而必然赢得人民的拥护,势必会保证他在位期间的国家富强,人民安居乐业。

"亲和力"是一个人人格魅力不可缺少的重要组成部分,即使是普通人仍然需要提升自己的"亲和力",增加自己的人格魅力,这样才能促进我们的人际关系和谐发展。

在生活当中,亲和力和影响力经常是密不可分的,有影响力的人一定拥有非凡的亲和力。就好像我们初次见到一个人,他身上散发出一种独特的力量,迫使我们不得不去喜欢他。那神秘的力量便是亲和力,我们就是被这种力量给影响了。

在人际交往中,如果你具备亲和力,能让对方把你当成"自己人",那么,你也很容易让交往对象对你形成肯定式的心理定势,从而更加容易让对方发现和确认自己值得肯定和引起对方好感的事实。所有这一切,反过来又会进一步巩固并深化自己值得肯定和引起对方好感的事实，同时也会进一步巩固并深化对方对自己原来已有的积极性评价。在这一心理定势的作用下，"自己人"之间的相互交往与认知必然在其深度、广度、动机、效果上，都会超过非"自己人"之间的交往与认知。由此可见，人们在与"自己人"的交往、认知之中，肯定式的心理定势发挥着一定的作用，而这也往往会成为搞定陌生人的一种计策。

培养豁达大度的大人物气质

俗话说：多一个朋友多一条路，多一个敌人多一堵墙。

我们都知道这句话，也明白这个道理。但是，一旦知道别人做了对不起自己的事，仍免不了耿耿于怀。看到这个人时，轻则如陌路相逢，视若无睹；重则似仇人相见，分外眼红。有多少人能不计旧怨与仇人把酒结欢呢？

其实，冤冤相报，未必有什么好处：他损害我在先，我怀恨于心在后，于是便费心费神地盯着他，一心想寻个机会，以牙还牙。但静下心来想一想，报复之后又得到了什么呢？而为一时意气之争，图片刻恩仇之快，又会失去多少本该属于自己的快乐和轻松啊！费尽心机去精谋细划，绞尽脑汁来苦苦算计，最终换来的仅仅是别人的敌视与更深的怨恨，实在是划不来的。

倘若是国恨家仇，则非报不可。但在现实生活中，我们很难碰上这种大事，平素与我们结怨的，多半是为利益冲突而起，或是为意气之争。为小利而结仇，可能损大利；为一时意气而结仇，可能惹大祸，都是得不偿失的事。在不违反做人原则的前提下，以德报怨不失为一种高明的处世之道：即使他与我们曾有过节，我们也应尽力做到不计前嫌；他大红大紫春风满面时，我们不妨去锦上添花；他落魄困窘、山穷水尽时，我们不妨雪中送炭，用我们真挚的热情，融化冰封的情感，脱去彼此面容上冷漠的伪装；用我们的大度与宽容，擦去恩怨的污浊，让纯洁的灵魂更加透明。

这样，我们就无须绞尽脑汁劳心伤神算计别人，也不须紧绷神经，警惕一切动静，防人算计；我们可以不再担心自己在得胜之时无人喝彩，也不用害怕陷入危难之际孤立无援。这样处世岂不堂堂正正？这样做人岂不轻轻松松？

林肯当选为美国总统后，他对政敌的态度引起了一位官员的不满。这位官员批评林肯说："你为什么试图跟那些敌人做朋友？你应该想办法去打击他们，去消灭他们才对。"林肯平静而温和地说："难道我不是在消灭我的敌人吗？当他们变成我的朋友时，就没有敌人存在了。"

面对"敌人"，大多数人的想法是毫不留情地把他消灭掉，因为对敌人的仁慈，就是对自己的残忍。这话听起来很有道理。但事实并非绝对如此，正如一位哲人所说的："我们的成功，也是我们的竞争对手造就的。"所以在一定的情况下要像林肯那样，用宽容的眼光去对待"敌人"，用宽容来"消灭"敌人。

在怎样消灭敌人这件事情上，还有一个人的做法与林肯较为相似，这个人就是拿破仑。

拿破仑对面前的任何障碍都狂怒异常，对待任何胆敢抗拒他意志的人都严厉无情，可当他获胜时这种态度就全然改变了。他对败军极为仁慈，他真诚地怜悯他们。他经常对手下的人说："一个将领在打了败仗那天是多么可怜！"

以下是一则拿破仑宽容敌人的故事：

　　有两名英军将领从凡尔登战俘营逃出，来到布伦。因为身无分文，只好在布伦停留了数日。这时布伦港对各种船只看管甚严，他们简直没有乘船逃脱的希望。

　　对家乡的热爱和对自由的渴望，促使这两名俘虏想了一个大胆而冒险的办法，他们用小块木板制成一只小船，准备用这只随时都可能散架的小船横渡英吉利海峡，这实际上是一次以命相搏的航行。当他们在海岸上看到一艘英国快艇，便迅速推出小船，竭力追赶。但他们离岸没多久，就被法军抓获了。

　　这一消息传遍了整个军营，大家都在谈论这两名英国人的勇气非凡。拿破仑获悉后，极感兴趣，命人将这两名英军将领和那只小船一起带到他面前。他对于这么大胆的计划竟用这么脆弱的工具去执行感到非常惊异，他问道："你们真的想用这个渡海吗？""是的，陛下。如果您不信，放我们走，您将看到我们是怎么离开的。"

　　"我放你们走，你们是勇敢而大胆的人。无论在哪里，我见到有勇气的人就会感到钦佩。但是你们不应用性命去冒险。你们已经获释，而且，我们还要把你们送上英国船。你们回到伦敦，要告诉别人我如何敬重勇敢的人，哪怕他们是我的敌人。"

随后拿破仑赏给这两个英军将领一些金币，放他们回国了。

许多在场的人都被拿破仑的宽宏大量惊呆了。只有拿破仑知道，他的士兵们将从这番话中受到怎样的鼓舞，他的人民将如何赞扬他的宽容与无私。他似乎已经听到了士兵们震天的欢呼声以及巴黎激动的口号。

哲学家卡莱尔说："伟人往往是从对待别人的失败中显示其伟大的。"用豁达宽容的气度去对待你的"敌人"，这样就会表现出你的与众不同之处，也正因为你闪光的人性，使你能得到别人的信任和敌人的佩服，这样你就既赢得了他们的心，也取得了最高层次的胜利。

越谦逊，别人越觉得你有深度

强出风头，往往会引起别人的反感，尤其在我们这个有着数千年封建史的国度里，更是有很多人因才华出众而遭受贬斥或丢掉了性命。我们并不是否定那些勇往直前、万事当先的人，只是强调要掌握好前与后的分寸。

在姚明的新秀赛季，曾出现这样一则轶事：

　　当时，NBA名宿巴克利在一次脱口秀节目中与主持人史密斯打赌，如果休斯敦火箭队的中国小巨人姚明，能够在一场比赛中拿下19分，他就亲吻史密斯的臀部。依姚明当时的数据看来，巴克利似乎稳操胜券，因为姚明在此之前的6场比赛中，平均每场只拿到3.3分，即便在最出彩的、与太阳队的比赛中，小巨人也不过拿到10分而已。但仅仅过了两个晚上，姚明就让巴克利为自己的口不择言付出了代价。

　　8天后，姚明在与洛杉矶湖人队的一次交锋中，一举砍下20分，不仅证明了自己状元的实力，同时也给了巴克利极大的教训。后者表示，他会兑现自己的诺言，在"巴克利脱口秀"节目中，当着全国观众的面亲吻史密斯的屁股。不过，由于史密斯不愿意在全国观众面前暴露自己的臀部，同时也是为了给老搭档一个台阶下，遂牵来一头驴作为自己的替身，而巴克利也言出必行地凑上去，亲吻了这头驴的屁股。

　　然而，对于这带有轻视、侮辱性质的赌注，事情的另一主角——姚明却毫不在意，他向记者表示，自己只把这当成西方式的幽默，他笑着说："那好，我就拿18分算了。"中国小巨人的宽容与低调情怀由此可见一斑。

　　得益于谦逊、低调的性格以及踏实奋进的态度，姚明在NBA打得风生水起。2007年12月30日，在对战猛龙队的比赛中，由于核心人物麦迪缺阵，所以对方针对姚明采取了包夹战术，导致小巨人的发挥受到了很大干扰，整个上半场，他8投2中，仅得到了 8 分 6 个篮板。易地再战，姚明开始调整自己的状态，虽然饱受失误和犯规困扰，但信心与斗志却始终不减。在第四节末端，姚明连得 8 分，率队打出 10 : 4 的小高潮，从而浇灭了猛龙队反扑追分的势头，最终锁定胜局。

按常理而言，在主将缺阵的情况下，率队打出这样一场精彩的比赛，绝大多数人或多或少都会有一些得意之情流露出来，而姚明却表现出了东方人特有的谦逊，他将取胜的功劳推到队友身上——"这场比赛是对我们球队士气的一种鼓舞，也是对于团结、信心、默契的考验，应该说是大家共同努力的结果吧。"

正是这种谦逊，使姚明在美国赢得了广泛的认可与尊重，亦如休斯敦火箭队媒体关系部经理评价的那样："姚明是一个非常谦虚的人，他能够不引起别人的注意就绝不引人注意，他所做的就是走出门，打篮球。"

事实上，越是有涵养、有深度的成功人士，其做人的态度就越为低调。他们的自谦非但没有抹杀他们身上的优点，反而让别人对他们更是敬佩有加。

那么，在工作当中，在同事，朋友之间，如何把握不前不后地分寸呢？首先，必须估量一下自己在工作中的位置与在单位中的角色。属于自己工作、职责范围内的事，责无旁贷，必须尽心尽力去完成。自己工作之外的事，不该涉及的尽量不去涉及，尤其不要以"内行人""明白人"或者居高临下的姿态去对同事、朋友指手画脚。即使人家请你去帮忙，也应以谦逊的态度诚恳待人。

其次，在名誉、利益面前，不要表现得过于期待。即使有所追求，也应该在表面上含而不露，应该通过为人与处世的技巧去赢得大家和领导的认同。要清楚，许多事情的成功，正如战场上作战一样，迂回包抄要比正面直接进攻有效得多。

但任何事情都是一分为二的，不前不后只是说在同事之中，在利益与荣誉面前，要切记不要过分张扬自己、不要踩着别人的肩膀向上攀登。

释放引人愉悦的幽默细胞

有幽默感的人是很有魅力的，幽默感可以让整个世界都绽放出灿烂的微笑。

幽默是一种艺术，也是一门学问，它不但能够为你赢得更多人的关注，还可以成为你摆脱尴尬境地的可靠武器，使本来紧张的局面在瞬间变得和谐起来，使针锋相对的两个人不失体面地恢复到友好的状态。这一切的一切都在说明着幽默在这个世界上的位置。我们要想在人前彰显自己别样的风度和个性，不如从现在起有意识地学习一些简单的幽默词汇，并慢慢改变自己的古板性格，它不但会帮你与别人建立起进一步沟通的桥梁，还会悄悄地融进你的生活，让你感受到人生的另一种兴奋和快乐。

郭伟强每天早上都想多睡一会儿，起得就晚，于是经常迟到，不知道上司厉声警告他多少次了。上次，上司还盯着他的眼睛说："郭伟强！要是你下次再迟到，你就自己收拾东西，不用我多说了！"

一连好几天，郭伟强都起得很早，但是这天却不巧遇到了交通堵塞。"生病""轮胎漏气""闹钟坏了""邻居家的老人中风了，送他去医院了"……这些理由也太不新鲜了，而且这些老一套已经不管用了，上司大概已经为解聘准备好了托词，或者说是自己造成了这种局面。

等到郭伟强到了办公室的时候，里面悄然无声，每个人都在埋头干活。一个同事冲他使个眼色，示意上司很生气，后果很严重。果然，上司一脸严肃地朝他走了过来。

郭伟强突然满面微笑地握住上司的手说："您好！我是郭伟强，我是来这里应聘工作的，我知道35分钟之前这里有一个空缺，我想我应该是最早来应聘的吧，希望我能捷足先登！"说完，郭伟强一脸自责又充满希望地看了看上司。

办公室突然哄堂大笑，上司憋住不让自己笑出声来，"快点工作吧！"说完自己走到办公室独自大笑起来。郭伟强就这样保住了自己的工作。

这就是幽默巨大的作用，它总是能让人愉快地接受说服者的意见。这个世界需要欢乐，所有人都愿意和能够制造欢乐的人在一起沟通共事。它引发的笑声和愉悦的氛围，可以改善交流的环境，这样一来，烦恼变为欢畅，痛苦变为愉快，尴尬也转为了融洽。它犹如一块磁铁，深深地吸引着周边的人，博得对方的好感，很快地将彼此的距离拉近。它又好比尴尬的润滑剂，在无形中消除了彼此的怒气和怨恨。

幽默是人类特有的天赋，幽默与智慧相伴。古往今来，许多智者都不无幽默感，他们的智趣中蕴涵幽默，而幽默中含有机智。正如俄国文学家契诃夫所说："不懂得开玩笑的人是没有希望的人。"

再让我们看看下面的一个故事：

著名国画大师张大千在抗日战争胜利后，很想回一趟自己的老家四川。临行前，他的一个学生设宴为老师送行。宴会上还邀请到了梅兰芳等许多社会名流。

当宴会开始的时候，张大千先生便站起身来，向梅兰芳先生敬酒，他说："梅先生，你是个君子，我是个小人，所以我先敬你一杯。"梅兰芳不知其含意，就笑着问道："此话怎解？"张大千先生笑着说："正所谓君子动口不动手，你是个君子——就只管动口，我是个小人——就只管动手了。"张大千先生用幽默的语言使在场所有宾客都为之大笑，宴会气氛一片大好，在座的所有宾客都打心底里佩服他的风趣幽默。

我们常有这样的体会，在会场或聚会中，一席趣语可使笑语满堂，气氛和谐而轻松，增加接受效果；在友人间的笑谈中，一则笑话，常令人捧腹不止，在笑声中交流和深化了感情；在旅游登山时，一句幽默，引出一阵嘻嘻哈哈，顿时使人倦意全消，鼓劲前行。可见，幽默与欢笑是情同手足的姐妹。上乘的幽默是鼓劲的维生素，是交际的润滑剂，是智慧的推进器。

幽默的本质就是有趣、可笑和意味深长。幽默是人类智慧的结晶，

是一种高级的情感活动和审美活动。幽默的作用不仅是让人发笑，那只是它最肤浅的作用，其对于制造幽默的人作用更为强大。只要我们灵活地运用好这份强大的力量，那么我们的生活就会从此变得更有色彩，我们的身边就会拥有更多赞许和钦佩的目光。

和善远比愤怒更有征服力

在人群中，我们难免会与他人发生摩擦，这时，我们就应该多容人之过。自己有理，心里知道就好了，千万不要得理就不依不饶！

古代有一个叫沈道虔的人，家有菜园，种有萝卜。这天，沈道虔从外面回家，发现有一个人正在偷他家的萝卜，他赶紧避开，等那人偷够了离开后他才出来。又有一次，他发现有人拔他屋后的竹笋，沈道虔便让人去对拔竹笋的人说："这笋留着，可以长成竹林。现在你不用拔它，我会送你更好的。"他让人买了大笋去送给那人，那人羞惭地没有接受，沈道虔就让人把大笋直接送到了那人家里。沈道虔家贫，常带着家中小孩去田里拾麦穗。偶尔遇上其他拾麦穗的人相互争抢麦穗，他就把自己拾到的全部给了争抢的人，争抢的人非常惭愧。

沈道虔"纵容"小偷偷他家萝卜，表面看来，无是无非，甚至显得窝囊懦弱，但实际上，却显出了他宽容厚道的为人，而这种胸怀大度的行为，也为他赢得了尊重和补偿。

在生活中我们得理也饶人，工作上同样要宽容别人的过错。

俗话说："一滴蜜比一加仑胆汁，能招来更多的蜂蝶。"确实，温柔与和善比愤怒与暴力更强而有力。

一位社交界的名人——戴尔夫人，她来自长岛的花园城。戴尔夫人说："最近，我请了少数几个朋友吃午饭，这种场合对我来说很重要。当然，我希望宾主尽欢。我的总招待艾米，一向是我的得力助手，但这一次却让我失望了。午宴很失败，到处看不到艾米，他只派个侍者来招待我们。这位侍者对第一流的服务一点概念也没有。每次上菜，他都是最后才端给我的主客。有一次，他竟在很大的盘子里上了一道极小的芹菜，肉没有炖烂，马铃薯也油腻腻的，糟透了。我简直气死了，我尽力从头到尾强颜欢笑，但不断对自己说：'等我见到艾米再说吧，我一定要好好给他一点颜色看看。'

"这顿午餐是在星期三。第二天晚上，听了为人处世的一课，我才发觉：即使我教训了艾米一顿也无济于事。他会变得不高兴，跟我作对，反而会使我失去他的帮助。我试着从他的立场来看这件事：菜不是他买的，也不是他烧的，他的一些手下笨拙，他也没有法子。同时也许我的要求太严苛了，火气太大了。所以我决定不但不苛责他，反而要以一种友善的方式作开场白，以夸奖来开导他。这个方法很有效。第三天，我见到了艾米，他带着防卫的神色，严阵以待准备争吵。我说：'听我说，艾米，我要你知道，当我宴客的时候，你若能在场，那对我有多重要！你是纽约最好的招待。当然，我很谅解：菜不是你买的，也不是你烧的。星期三发生的事你也没有办法控制。'我说完这些，艾米的神情开始松弛了。

"艾米微笑地说：'的确，夫人，问题出在厨房，不是我的错。'

"我继续说道：'艾米，我又安排了其他的宴会，我需要你的建议。你是否认为我们再给厨房一次机会呢？'

"'啊，当然，夫人，您放心，上次的情形不会再发生了！'

"下一个星期，我再度邀人午宴。艾米和我一起计划菜单，他主动提出把服务费减收一半。当我和宾客到达的时候，餐桌上被两打玫瑰花装扮得多姿多彩，艾米亲自在场照应。即使我款待皇后，服务也不能比那次更周到。食物精美，服务完美无缺，饭菜由四位侍者端上来，而不是一位，最后，艾米亲自端上可口的甜美点心作为结束。

"散席的时候，我的主客问我：'你对招待施了什么法术？我从来没见过这么周到的服务。'

"她说对了。我对艾米施行了友善和诚意的法术。"

和善是润滑剂，它能协调我们与他人之间的关系。不要得理不饶人，不要睚眦必报，试着用和善解决一切，它会比所有的愤怒和暴力加起来更有力量。

有诚信才能得到信任

在大千世界中，不同的人有不同的做人之道，奸诈者有之，投机者有之，轻狂者有之，骄傲者有之，但是这些人决不能成大事，至少不能长久成大事，因为他们不具备吸引成功的素质。

对于李嘉诚这位 30 岁就凭着自己的努力成为富豪的人来说，作为一个商人最重要的素质就是"信"。其实，李嘉诚对事业上的"信"与他对人的"诚"是分不开的，诚信相合，即为"义"。从对子女的教育上最能看出一个人的为人和心中的想法。

李嘉诚坦言："以往百分之九十九是教孩子做人的道理；现在有时会谈论生意，约三分之一谈生意，三分之二教他们做人的道理。因为世情才是大学问。世界上每一个人都精明，要令人家信服并喜欢和你交往，那才最重要。"

2002 年，李嘉诚旗下的长虹生物科技公司要上市融资，当时长科公司全年的营业收入才几十万港元，根本就不盈利，但是股票发行时还是获得了好几倍的认购。为什么？因为香港人相信李嘉诚的信誉，相信跟着李嘉诚投资不会吃亏，"李嘉诚"三个字就是金字招牌。

李嘉诚在总结自己成功做人之道时，有一句深邃而精辟的话，叫作："让你的敌人都相信你！"这句话令人过目不忘。道理非常简单，就是现在已被许多人淡忘的那两个字——诚信。"我答应的事，明明吃亏都会做，这样一来，很多商业的事，人家说我答应的事，比签合约还有用。"并非李嘉诚自诩，曾有人通过采访的途径，在他的竞争对手那里得到了证实："他讲过的话，就算对自己不利，但还是会按诺言照做，这点是他的优点。答应人家的事，明明知道吃亏可还是照做。"李嘉诚为人之道如此，其成功之路也受此影响。

有一年，李嘉诚决定在伦敦以私人方式出售他持有的香港电灯集团公司股份的 10%。计划过程中，港灯即将宣布获得丰厚利润的消息，李嘉诚的得力助手马世民马上建议他暂缓出售，以便卖个好价钱，但是，李嘉诚却坚持按原计划出售。李嘉诚说，还是留些好处给买家好，将来再配售会顺利点，赚钱并不难，难的是保持良好的信誉。《远东经济评论》对此发表评论，非常精辟地说："有三样东西对长江实业至关重要，它们是名声、名声、名声。"

诚信，是一池清澈的碧水，所有的真诚，都明明白白地装在里面，谁不喜欢！而失信则如同被一团污泥弄脏了的池水，谁又不厌恶呢？而且"一个人一旦一次失信于人，别人下次再也不愿意和他交往或产生贸易往来了。大家都愿意去找信用可靠的人，不愿意找没有信誉的，因为不守信用可能会生出许多麻烦来"。真正的成功者是以诚实为做人之道，李嘉诚认为，以诚为本，才能永远有饭吃，才能做大生意，这是人人皆知的道理，但却不是人人都能做到的。

那么，如何提升自己的信用呢？以下几点可供借鉴：注意自我修养，善于自我克制，做事必须恳切认真，建立起良好的名誉；应该随时设法纠正自己的缺点；行动要忠实可靠，做到言出必有信，与人交往时诚实无欺。以上这几点都是自我信用的重要评价。记住罗赛尔·赛奇说："坚守信用是成功者的最大关键。"一个人要想赢得大家的信任，一定要下极大的决心，花费大量的时间，不断努力才能做到。

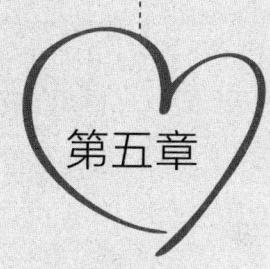

第五章

拿价值换印象
——积极的付出，帮你赢得丰富的社交资源

社交法则说起来很现实也很简单，就是彼此间价值的互换。成功人士之间的社交关系，除了志趣相投，大部分是彼此拥有可用于交换的价值，比如你有资源，我有想法，他懂投资，在这个互联网社会，社交最重要的体现就是有效的联结。

你的价值，是吸引人的首要资本

一个企业想要吸引顾客、客户或是合作伙伴，唯一的途径就是给对方创造价值。没有价值，就不足以产生强大的磁力。

价值，是吸引他人的一种资本。你是否具有价值，能够创造多少价值，别人心里有数，如果你一无是处，别人不会主动靠近你。换言之，你无法提供给别人需求上的满足，无论是精神上还是物质上，或者其他，别人凭什么被你所吸引？这个世界稀缺的东西很多，但肯定是不缺人的。

所以说，一个人要想活得更加多姿多彩，若想得到别人的重视，若想在工作中有所建树，首先就要提升自己的"被利用价值"。人际关系的最高境界，就是达到"双赢"的局面。

打个比方。如果你是一颗夜明珠，遗落在黑暗之中，路人经过必然会俯腰拾起，并将你好好珍藏起来；相反，倘若你只是一块平凡无奇的石头，相信就不会得到路人的眷顾了，甚至还会因为碍事，被人踢上两脚。道理很简单，夜明珠之所以被拾起，是因为路人看到了它的光芒，它具有一定的价值，对路人有益；石头之所以被置之不理，是因为它毫不起眼，它的用处太小，捡在手里反而是一种负累。所以我们强调，要想使自己得到别人的重视，首先就要让自己拥有被别人利用的资本。

　　秦朝时期，有一个名叫程邈的县城狱吏，主要负责撰写文书一类的差事。程邈其人性情耿直，得罪了秦始皇，被打入了云阳县的大狱。他在狱中百般无聊、度日如年，于是喜欢舞文弄墨的他突发奇想：如此浪费时光着实可惜。当下通行的小篆，字画繁杂难写，何不把它改造一下？干出一番事业，以求赦免罪过。

　　此后，程邈开始在狱中埋头整理文字，经过 10 年的精心钻研，他将小篆化圆为方，把象形"笔画化"，变繁为简，化难为易，这便是隶书，总共有三千字。秦始皇看了程邈整理的文字，非常高兴，不仅赦免了程邈所犯的罪行，还让他出来做官，提升为御史。后来，因为秦代公书繁杂，篆字难写，就采用了隶字。又因为低层的官吏多用这种字体书写公文，所以称为隶书。

10 年身陷囹圄，对一般人而言，无疑是一种莫大的灾难与不幸！但程邈却因祸得福，这是为何？答案其实很简单——程邈为自己创造了被秦始皇利用的价值。他所发明的隶书，对秦始皇和天下百姓有所用，程邈体现了自己的价值，所以他才得以释放，并受到了重用。

　　职场上同样如此。老板雇佣员工，其根本目的是要你为他创造价值。所以说，你受到何种待遇，完全取决于你能为他创造多少价值。你所创造的价值越大，那么你在他心目中的地位就越高；反之，若是你不思进取，躺在些许功绩上面"睡懒觉"，你的地位就一定会逐渐被他人所替代。因而，那些有心计的人从不会"犯懒"，他们总是挖空心思创造自己"被别人利用"的价值，是故，这类人大多是职场上的"常青树"。

《工商时报》上有一篇"价格由老板决定，价值请自己创造"的文章，说的是：

一家公司征招业务人员，其中有一个人资历显赫，对于公司来说，有点小庙容不了大和尚的状况，因此公司与他面谈时，没有抱太大的希望。

面谈的时候，公司老总很诚实地跟他说，依据公司规定，并不能给予太高的薪水。原本想就此打住，不要浪费彼此的时间；没想到他竟然接受不到他原来工作薪水一半的条件，这让公司有些喜出望外。

开始上班之后，他也没有任何出身大企业一些不好的习惯，很是谦逊礼貌，准时上班，并且勤跑客户。过了不久，他的业绩远远超乎原本的预期，于是在最短的时间内，首度破格晋升，而且大幅度地加薪。此后，他也更加的卖力，为公司创造出了更多的业绩。

原来他在前一个公司已做到一级主管的位置，工作相当顺手，薪水十分满意，原以为可以就此衣食无忧地过一生，没想到公司的一次海外投资失败，老板避走国外，让大家连带受累，哭诉无门。

其间，他也曾经因为薪水无法与自己所要求的相符而怨天尤人，总认为自己是怀才不遇，别的老板都不识才，但在经历一段时间的挫折与沉淀之后，他选择重新出发，重新认识到价值与价格的差异点。

他认为，价格是别人给的，随时可以拿走；价值却是自己创造的，任谁也无法带走。

一个人能不能得到他人的重视，在于他能不能给他人创造价值。生活是现实的，竞争是残酷的，没有人会同情一无是处的人。其实，我们读书、考研、读博、留学，无一不是在增加自己的"被利用价值"，你能创造多少"被利用价值"，将决定你的吸引力有多大。生活如此，交友如此，职场如此，仕途亦是如此。

你被别人需要，才能体现你的重要

在这个世界上，我们每个人都扮演着很多不同的角色：我们是父母、是爱人、是儿女、是友人……所有人都应该尽其所能扮演好这些角色，对社会做不求回馈的奉献。或许你的能力有限，但依然可以用物质的、精神的种种能力，去奉献一个人、两个人，当你被越来越多的人所需要时，你的吸引力也就越来越大，你会感觉到生命非常充实，因为你体现了价值，同时你也会感悟到生命的意义。

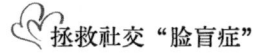
看看下面这个故事，将知道自己应该怎样去经营生命。

在阿迪河畔住着一个磨坊主，他是英格兰最快乐的人。他从早到晚总是忙忙碌碌，生活虽然艰难，但他仍然每天像云雀一样欢快地歌唱。他乐于助人，他的乐观豁达带动了整个农场，以至于人们能从很远的地方听到从农场里传出的欢声笑语。这一带的人遇到烦恼总喜欢用他的方式来调节自己的生活。

这个消息传到国王耳朵里，国王想，一个贫贱的平民怎么会有那么多欢乐？国王决定拜访这个磨坊主。国王走进磨坊后就听到磨坊主在唱："我不羡慕任何人，只要有一把火我就会给人一点热；我热爱劳动，我有健康的身体和幸福的家庭；我不需要任何人的施舍，我要多快乐就有多快乐。"国王说："我很羡慕你，如果我能像你一样无忧无虑，我愿意和你换个位置。"磨坊主说："我肯定不换。因为你只知道需要别人，而从不考虑别人需要你什么。我自食其力，因为我的妻子需要我照顾，我的孩子需要我关心，我的磨坊需要我经营，我的邻居需要我帮助。我爱他们，他们也很爱我，这使我很快乐。"国王说："你还需要什么？"磨坊主说："我希望别人更多地需要我。"国王说："不要再说了，如果有更多的人像你一样，世界该有多么美好啊！"

故事到这里还没有结束。二百年以后，国王与磨坊主又一次相遇了，只不过这时的他们都已转世轮回，磨坊主因为希望被更多的人所需要，转世做了露珠，滋润万物，而国王只知道需要别人，这一世他做了一个乞丐。

有一天，乞丐很早就出门了，当他把米袋从右手换到左手，正要吹一下手上的灰尘时，一颗大而晶莹的露珠掉到了他的掌心上。

乞丐看了一会儿，将手掌递到唇边，对露珠说：

"你知道我将做要什么吗？"

"你将会把我吞下去。"

"看来你比我更可怜，生命操纵在别人手中。"

"你说错了，我的思想里没有'可怜'这两个字。我曾经滋润过一朵很大的丁香花蕾，并让她美丽地绽放，为这世间增添了一抹艳丽。现在我又将滋润另一个生命，这是我最大的快乐和幸福，我此生无悔。"

生命的意义是什么？这个故事给了我们答案：不是金钱、不是情欲、不是一切身外之物，而是被需要。这是生命的幸福快乐之源。它使我们在实现社会价值和个人价值的同时，超脱了私欲纠缠，进入高贵状态。

需要是一种索取，被需要则意味着忘我的付出，但我们生命本身不会因为"付出"而削弱，反而是我们给予的越多，得到也会越多。许多人被我们铭记于心，流芳百世，就是因为他们奉行了"最大的需要是被需要"这一生命原则。我们刻意去追求价值，却不知生命的价值只有在满足别人或社会的某种需求时，才会被无限放大。

多交朋友，好运不请自来

多交朋友，"储备好的人缘"，和别人建立良好的人际关系是有好处的，而你的好人缘必定会成为你这一生中最珍贵的财富、事业的最大助力。

许先生经营着一家小电器行，电器行的收入不是特别多，但许先生却工作得很开心。许先生的妻子常说许先生不是做生意的料，因为人家做生意都锱铢必较，他却大大咧咧，没有生意人的那股盘算。

比如说有一次，有一个客人跟许先生订了一批高档的灯具，还交了10000元订金，谁知道货来了以后他又不要了，这事如果换成别的商人一定会把这10000元全扣了，可许先生却要全部还给人家，还说就当是正常进货，以后慢慢卖吧！那个客人对许先生的做法也很意外，不好意思地说："这件事确实是我不对，还是按规矩扣订金吧！"许先生却回答说："如果不是有难处，你也不会做出尔反尔的事。大家都是生意人，买卖不成人情在嘛！我不能收这个订金，瞧得起我咱们就交个朋友吧！"那个客人最后千恩万谢地走了，妻子却拉长了脸，抱怨丈夫太傻。

在平时，许先生对顾客也都是一团和气，年纪大的就主动送货，甚至上门安装，给熟识的客人抹零头……许先生做生意虽然没赚多少钱，但在当地的人缘却是出奇的好。每当有人夸许先生人缘好时，许太太总要说："人缘能当饭吃吗？"不过许太太现在可不再说这样的话了，因为事实证明：人缘有时真能当饭吃。

一天，订高级灯具的那位客人找上了门来，说要给许先生介绍大买卖。原来这位客人竟是某知名彩电厂家的销售总监，现在他要把该省的销售代理权交给许先生，他还说："之所以要把代理权交给你，不仅是因为你曾给过我恩惠，更重要的是我看中了你的人际网络，人缘对于生意人是非常重要的。"不久后，许先生拿到了销售代理权，成立了自己的公司，靠着他往日积累下来的人际网络，他的生意越做越顺，销售额几度蝉联各省榜首。

从许先生的经历中，我们再一次看到了存储人际关系对于获得机会的重要意义。就像银行存款一样，平时少量少量地存，有急需时就可以派上用场。

那么，怎样储蓄人际关系呢？

一、不得罪别人。得罪人对人际关系的伤害很大，如果不能主动积极地去建立关系，至少也不可轻易得罪人。

二、不在乎被人占便宜。被占便宜看似一种损失，其实是一种投资，因为对方会觉得有所亏欠，恰当的时候便会有所回报。不过，有些人占了便宜还卖乖，而且也没有亏欠之心，对于这种人不必有所期望，以一颗平常心对待他即可。

储蓄人际关系的方法还有很多，平时不妨慢慢摸索和积累，只要理解了"人际关系的建立和银行存款一样"的道理，并努力去尝试，那么方法再笨你也会看到效果。

送人关爱，自然会得到爱戴

想与朋友和睦相处，成为人见人爱的 "红花"，很关键的一个因素就是：付出。常言道 "将欲取之，必先予之"，想与人结交，被人爱戴，就要学会关爱别人，只有爱别人并爱自己的人，才是最受欢迎的人。

杜淳心宽体胖，整天乐呵呵，朋友们都亲热地称呼他为 "胖哥"。胖哥是某单位的司机，没权没势，可大家就是喜欢他、尊重他，有人开玩笑地问胖哥身上是不是装了磁石，不然为什么这么吸引大家呢！胖哥哈哈一笑，"就是有人缘！我对大家好，大家也对我好！"其实胖哥之所以人缘好，都是他靠自己的友善换来的。

他的好朋友没考上大学，天天茶饭不思，胖哥一下子请了十天假陪着他，劝说他，等朋友精神好转后，又开车带着朋友散心，终于使朋友转变了想法。

同事小姜的父亲骨折住院，胖哥把小姜的家务事整个包了下来，还专门为小姜的父亲炖了鸡汤送到医院，每隔两天还要代替小姜护理老人。

领导大赵做买卖赔了一笔，大赵心烦意乱，大赵妻子寻死觅活，胖哥又充当了调解人，终于劝得这对夫妻和好如初……

胖哥对每个人都那么关爱友善，大家回报给他的自然是爱戴和支持。

与人交往要有关心他人的精神，乐于助人，这样会犹如磁石一般，吸引众多的朋友；而一个只会为自己打算的人，到处都会受人鄙弃。吸引他人最好的方法，就要对他人的事情关心、感兴趣，但不能做作，必须真诚地关心别人，为别人着想。

好多人之所以不能吸引他人，是因为他们的心灵与外界是隔绝的，他们只专注于自己。与外界隔绝，久而久之，便足以使自己陷于孤独的境地。

从前有一个人，几乎人人都不欢迎他，但他不明白是什么原因。即使他去参加公众集会，别人见了他都退避三舍。所以，当别人互相寒暄谈笑、其乐融融之时，他只能一个人独处在屋中的一个角落。即使偶然被人家注意，片刻之后，他依旧是孤独地坐在一边。

这个人之所以不受众人欢迎，在他自己看来乃是一个谜，他具有很大的才能，又是个勤勉努力的人。他在每天工作完毕后，也喜欢在同伴中寻快乐。但他往往只顾到自己的乐趣，而常常给人以难堪，所以很多人一看到他，就避而远之。

但他也没有想到，他不受欢迎最关键的原因乃在于他的自私心理，自私乃是他不能赢得人心的主要障碍。他只想到自己而不顾及他人，他一刻也不能把自己的事情搁起，来关心他人的事情。每当与别人谈话时，他总是要把谈话的中心，集中在自身或自己的业务上。

一个人如果只顾自己，只为自己打算，那么就没有吸引他人的磁力，就会使别人对他感到厌恶，就没有一个人真心喜欢与他结交往来。

愿意给予，大家都会喜欢你

当"给予"一词出现时，"获得"也就应运而生了。给予与获得是一对双胞胎兄弟，世间的一切有了给予，相应就存在获得，当给予彻底消失时，获得也就不复存在了。

人人都想获得，却往往忽视了这样一个真理——有付出才会有回报！若是将获得比作浩瀚宇宙中一颗璀璨绚丽的明星，那么，给予便是通天之梯，只有爬上这座梯桥，才能伸手摘下星星。正所谓"一分耕耘一分收获"，当你真正懂得了给予，获得才会伸展开它看似吝啬的翅膀，向我们飞来。

战国时，齐国的孟尝君是一个以养士出名的相国。由于他待士十分诚恳，感动了一个叫冯谖的落魄人，此人为报答孟尝君的礼遇而投到他的门下为他效力。

一次，孟尝君叫人到其封地薛邑讨债，问谁肯去，冯谖自告奋勇说自己愿去，但不知用催讨回来的钱买什么东西。孟尝君说，就买点我们家没有的东西吧。冯谖领命而去，到了薛邑后，他见到老百姓的生活十分穷困，老百姓听说孟尝君的使者来了，均有怨言，于是，他召集了邑中居民，对大家说：“孟尝君知道大家生活困难，这次特意派我来告诉大家，以前的欠债一笔勾销，利息也不用偿还了，孟尝君叫我把债券也带来了，今天当着大家的面，我把它烧毁，从今以后再不催讨。”说着，冯谖果真点起一把火，把债券都烧了。薛邑的百姓没料到孟尝君如此仁义，人人都感激涕零。

冯谖回去后，孟尝君问他买了何物，冯谖如实回答，孟尝君大为不悦。冯谖对他说：“您不是叫我买家中没有的东西吗？我已经给您买回来了，这就是‘义’。焚券市义，这对您收服民心是大有好处的啊！”

数年后，孟尝君被人谮谗，齐相不保，只好回到自己的封地薛邑。薛邑的百姓听说恩公孟尝君回来了，倾城而去，夹道欢迎。孟尝君感动不已，终于体会到了冯谖“市义”的苦心。

帮助他人正是生命的本质。为他人尽力，也即为自己尽力；一个人在帮助别人时，无形之中就已经提升了吸引力，别人会将你牢记在心，也会对你的帮助永记在心。

永远不要吝啬你的爱心

尽管很多人不愿意承认，但很多时候，人与人之间都是互相帮助的关系，这并没有什么可耻的，人性中总有自私的一面，在为自己着想的同时，不损害他人的利益，甚至给他人带来好处，这未尝不是一件好事。

在一个伸手不见五指的夜晚，一个僧人行走在漆黑的道路上，因为夜太黑，僧人被路人撞了好几次。

为了赶路，他继续走着，突然看见有个人提着灯笼向他这边走过来，这时候旁边有人说："这个盲人真是奇怪，明明什么都看不见，每天晚上还打着灯笼。"

路人的话让僧人很是纳闷，盲人挑灯岂不多此一举？等那个提着灯笼的人走过来的时候，他便上前询问道："请问施主，老僧听说你什么都看不见，这是真的吗？"

那个人回答说："是的，我从一生下来就看不到任何东西，对我来说白天和黑夜是一样的，我甚至不知道灯光是什么样子！"

僧人十分迷惑地问："既然你什么都看不到，你为什么还要提着灯笼呢？难道是为了迷惑别人，不让别人知道你是盲人吗？"

盲人不慌不忙地说："不是这样的，我听别人说，每到晚上，人们都会变成跟我一样了，什么都看不见；因为夜晚没有灯光，所以我就在晚上打着灯笼出来，好让路人放心赶路。”

　　僧人无限地感叹道：“你真是会为人着想呀，你的心地真是善良！原来你完全是为了别人！”

　　盲人急着回答：“不是，其实我是为了我自己！”

　　僧人一怔，非常惊讶，便不解地问道：“为自己？怎么这么说呢？”

　　盲人答道：“你刚才赶路的时候，有没有人碰撞过你呀？”

　　僧人回答：“有呀，就在刚才，我被好几个人不小心撞到了。”

　　盲人莞尔一笑，说：“我是盲人，什么也看不见，但是我从来没有被别人碰撞过。知道为什么吗？因为我提着灯笼，灯笼照亮了他人也照亮了我自己，这样他们就不会因为看不到我而撞到我了。”

　　盲人的想法很简单：点着灯笼既照亮了他人也能照亮自己，这样一来可以免得被撞倒，甚至撞伤，这种想法听起来有点利己，但从另一个角度来看，他的“利己”不仅保护了自己，而且还帮助了别人，借着灯笼的光亮，路人走路时也方便了很多，这种互相“帮助”得到的结果是互惠的。

　　安东尼·罗宾谈起李嘉诚时说：“他有很多的哲学观点我非常喜欢。有一次，有人问李泽楷，问父亲李嘉诚教了他一些怎样成功赚钱的秘诀呢？李泽楷说他父亲什么也没有教，只教了他做人处世的道理。李嘉诚这样跟李泽楷说，他和别人合作，假如他拿七分合理，八分也可以，那李家拿六分就可以了。”

　　也就是说：他让别人多赚二分。所以每个人都知道，跟李嘉诚合作会赚到便宜，因此更多的人愿意和他合作。虽然表面上他只拿六分，但现在多了几倍的人，该多拿多少分？假如拿八分的话，自然会少几倍的人，结果是亏是赚可想而知。

人类最大的财富正是资源的分享，在现实社会中，只要不是损人利己，在物竞天择的自然规律下，互相"利用"也可以是一种合理的行为，那是人际间互动形态多元与多样的表现。世间的事情往往就是这样，利用别人可能是一个负面词汇，但如果你能把互相利用变成互利互惠，那么这个词也就有了正面的意义。

互惠互利，就是使合作者之间都能够得到优惠和利益，使合作的结果皆大欢喜，这是双赢思维的典型体现。但是，要做到互惠互利不仅仅是一方的事情，它要求合作的任何一方都要有双赢的品格、过人的见地以及积极主动的精神。而且应以安全感、人生方向、智慧和力量作为基础。这对于良好生存境界的抵达具有积极意义。

在别人有难的时候大方地伸出援手

当你在他人处于危难之中时伸出援手，对方的心一定会在那一瞬间被你感动，你对对方同时也就产生了影响力与吸引力。

学会帮助他人，不是为获取利益，而是一种心灵的坦然，人格的健全。在他人受难时大方地伸出援手，播种了爱心，心中会长出温柔明亮的花朵，感动别人的同时，对自我更是一种喜悦、成长、幸福与慰藉。

　　一个刮着北风的寒冷夜晚，路边一间旅馆迎来了一对上了年纪的夫妇，他们的衣着简朴而单薄，看来他们非常需要一个温暖的房间和一杯热水，但不幸的是这间小旅店早就客满了！领班罗比看了他们一眼，冷冷地说："这里没有多余的房间了，快走吧！"

　　"这已是我们寻找的第16家旅社了，这天气不好，到处客满，我们怎么办呢？"这对老夫妻望着店外阴冷的夜晚发愁。

　　店里的一个小伙计不忍心这对老年客人受冻，便建议说："如果你们不嫌弃的话，今晚就住在我的床铺上吧，打烊时我在店堂打个地铺就可以了。"

　　老年夫妇非常感激，第二天要付客房费，小伙计坚决拒绝了。临走时，老年夫妇开玩笑似的说："你经营旅店的才能真够得上当一家五星级酒店的总经理。"

　　"那敢情好！起码收入多些可以养活我的老母亲。"小伙计随口应和道，哈哈一笑。

　　没想到两年后的一天，小伙计收到了一封寄自纽约的来信，信中夹有一张往返纽约的双程机票，信中邀请他去拜访当年那对睡他床铺的老年夫妇。

　　小伙计来到繁华的大都市纽约，老年夫妇把小伙计引到第五大街与三十四街交汇处，指着那儿的一幢摩天大楼说："这是一座专门为你兴建的五星级宾馆，现在我们正式邀请你来当总经理。"

就是因为小伙计一次举手之劳的助人行为，让他美梦成真，摇身一变成为五星级饭店的总经理。或许在人们看来有些不可思议，但这就是事实，因为它就是著名的奥斯多利亚大饭店经理乔治·波菲特和他的恩人威廉先生之间的真实故事。

还记得韩信和漂母的故事吗？韩信落魄之时，人人都嘲笑他，只有漂母把自己的饭分给他吃。后来，人们眼中的"无用小子"变成了大将军，他以千金回报了漂母的一饭之恩。很多人都热衷于结交富有的人，而鄙视穷困的人，这种做法真的很不可取。

无论如何，帮助别人总是一件好事，帮助别人有时就是在帮助你自己，而且，如果你能摒弃势利的想法，就会发现，济人于危困要比锦上添花更能让你感到快乐，更能让你充满自豪感。当然，你在别人心里的印象也会在那一瞬间变得高大起来。

忠诚的人更能得到老板的器重

对每一位老板来说，员工的绝对忠诚是首要条件。他们会以此为标准选拔人才，并在经营管理的过程中反复地传播和灌输忠诚的理念。在众多能力相当的员工中，上司更重视的是他们的忠诚敬业程度。无疑，那个忠诚度最高、敬业精神最高的人会是他重用的对象。相反，那些缺乏忠诚敬业精神的员工，他们的许多时间都浪费在寻找工作上，却一次次被拒于工作的大门之外。

微软总裁比尔·盖茨的第一任女秘书是一位年轻貌美的女大学生，她除了本职工作以外，对任何事都漠不关心。其实在盖茨心里，自己的女秘书应该是一位能够将后勤工作事无巨细全部揽下的"总管"，因为他有太多重要的工作需要处理，实在不能再分心。于是，盖茨找来总经理伍德，要求他立即解聘现任秘书，并尽快为自己找到一位新"总管"。

伍德领命后，便开始了招聘工作。几日后，他在办公室一连向比尔·盖茨递交了几份应聘资料。盖茨看后都摇头不语——他需要的不是"花瓶"，而是一位成熟干练、稳重心细的女秘书。

"难道就没有更合适的人选吗？"盖茨明显有些失望。见状，伍德很犹豫地递上一份资料，口中说道："她曾从事过文秘、财会、行政文员等后勤工作，只是年纪大了一些，而且已是4个孩子的母亲，恐怕会有家庭拖累……"

盖茨迅速扫了一眼资料，打断伍德的话："只要她能胜任工作，又不会厌烦琐碎的杂事就没问题。"

这位女士名叫露宝，当时已42岁，应聘时对于自己并无信心可言。但这家公司有点怪异——别人招聘秘书都要求年轻靓丽、身材骄人，可他们却偏偏录用了一个"半老徐娘"。上任之初，丈夫曾在她耳边叮嘱："一定要留意公司月底能否发得出工资。"露宝对此未作理会，在她看来，一个年仅21岁的董事长在创业之初一定会遭遇诸多困难，她准备以一个成熟女性特有的细腻和周到去完成自己应尽的责任与义务。

比尔·盖茨的工作方法与常人大不相同，他几乎每天都要到中午才来公司，却一直工作到午夜以后，偶尔还会在公司休息。因此，董事长在办公室的生活，也就成了露宝的重点工作内容，这使得盖茨受到一种来自母亲的温暖，同时也减轻了他对遥远家乡的思念。

此外，露宝在工作上也是盖茨的得力助手。盖茨是位谈判高手，但由于年龄太轻，难免在第一次会见顾客时遭到质疑，他们弄不清眼前这位小个子男孩究竟是不是微软公司董事长。于是，常有电话打到公司进行询问，这时露宝会亲切地回答他们："请您注意留意，他看上去只有十六七岁，满头金发，戴着一副眼镜。如果你眼前的人就是这种形象，那就是我们董事长。所谓'人不可貌相''自古英雄出少年'嘛……"一番话语很快消除了对方的疑虑，为盖茨减轻了不少阻力。

盖茨是位工作狂人，因为微软公司距帕克机场仅有几分钟路程，为了尽量满负荷工作，他总是在时间即将到达时才匆匆起程。这样，有时难免会强行超车或是闯红灯，为此露宝担心不已，她屡次请求盖茨多预留十几分钟去机场，而且一直加以监督。

在露宝眼里，公司就是一个大家庭，她对每一名员工、每一项工作，都怀着深深的感情。她负担起了公司大部分后勤工作，诸如发薪、接订单、记账、采购等等。

潜移默化之中，露宝俨然成了微软的灵魂，为公司创造了巨大的凝聚力，包括盖茨在内的所有员工，都对露宝产生了极强的依赖心理。在微软决定迁往西雅图以后，露宝因丈夫的事业不能同走，盖茨只得恋恋不舍地与她挥手告别。

3年后的一个冬夜，西雅图浓雾连绵。此时，盖茨坐在办公室中满脸愁容——他太需要一名得力助手了。就在这时，一个"宛如天籁"般的声音响起——"我回来了！"是露宝！她说服丈夫将事业迁到这里，而后一个人先行来到西雅图，因为她一直无法忘记与盖茨相处的时光。

露宝曾对朋友说："一旦你与盖茨共事，就很难再离开他，他精力充沛、平易近人，这会让你工作得很开心。"

很明显，露宝用自己的忠诚敬业赢得了盖茨的尊重与信赖，成为最令盖茨"割舍不下"的女人，亦成了微软公司不可替代的一道风景线。

忠诚是员工的立身之本。在任何一家公司里，如果你希望得到老板的赏识，得到升迁的机会，第一条法则就是你必须忠诚于他。无论你的能力多么优秀，无论你的智慧多么超群，没有忠诚，没有人会放心地把最重要的事情交给你去做，没有人会让你成为公司的核心力量。

忠诚和敬业是相互融合在一起的。忠诚在于内心，敬业在于工作上尽职尽责、善始善终、一丝不苟。将敬业当成一种习惯的人，就能从工作中学到更多东西，积累更多经验。他们会更受人尊重，即使没有取得什么了不起的成就，他们的精神也能感染他人，能引起他人的关注。

总而言之，如果你忠诚地对待你的老板，他也会真诚地对待你；当你的敬业精神增加一分，别人对你的尊敬也会增加一分。忠诚敬业的目标就是受到重用和获得无处不在的发展机会，物质上的报酬自然也会随之而来。

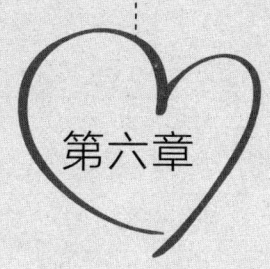

第六章

强化自我存在感
——有效推销，让自己的存在举足轻重

　　拥有社交魅力的人走到哪里都有很强的存在感，这种存在感来源于做人的态度、做事的风格。他的一举一动、一言一行，无不体现着他存在的意义，表现着他个人的重要性。如果你能给人一种——"他就是我要找的人！"的感觉，你就赢了！

简历怎么写，才能敲动人心

打造出一份好的个人简历和求职信等于求职成功了一半，另一半只在于面试时的表现。

求职者要充分准备好自己的简历，以便及时递上这块敲门砖，获得良好的就业机会。个人简历是介绍个人以前的活动和经历及相关个人情况的文件。也是面试时主试者和应试者双方对话的依据和参考材料。

撰写个人简历有哪些要求呢？

一、规范化格式：有一定的规定性和程式化。

二、客观性：不能推理和臆断，不带个人观点。十分有趣的是大多数用人单位和主试者把个人简历中的内容当作事实加以接受。这就更要求我们谨慎行事，不能有虚假和差错。

三、简洁性：去除套话，篇幅要短，最好用事实说话，用数据或百分比说话。

常用的中文个人简历包括三个部分：

一、标题："个人简历"。

二、个人简况：包括姓名、性别、出生日期、出生地、通讯地址等。

三、正文部分：包括学历、工作经历等。

这种结构的个人简历应该用中文书写，也可以英汉对照。学历和工作经历均为顺序排列。

常用的英文个人简历包括三个部分：

一、信头：信头实际上是印制的个人信笺，包括申请人姓名、通讯地址、邮政编码、电话号码、E-mail 等。

二、求职目标：你所要求的职业、职位、薪酬。

三、正文部分：包括工作经历、学历等。

这种结构的个人简历用于谋求外资企业、境外企业的职位，或用于网上求职，因此常用英语撰写。它的名称——Resume 不应写出。第二部分，即求职目标可写可不写。工作经历应逆序排列，即先写目前的或最近的工作职务，然后向过去推进。学历也如此，先写最高学历，然后依次向过去推。工作经历在前，学历在后。

在了解个人简历的概况和结构后，我们便可以着手撰写个人简历了。首先我们对自己、对自己的工作及其作用要有一个深刻的认识，并对此加以充分利用。有许多人对自己的工作定位不准，无法正确描述自己及工作。他们对自己的工作，对整个公司或部门工作有何种意义认识不足。这样是写不好个人简历的。

既然个人简历是十分规范化、程式化的文件，那么起草时可以参考别人现成的、成功的范例，无论在结构上、文字上、内容上均借鉴吸收其优点，但这种参考借鉴绝不是生搬硬套，盲目模仿。起草前应该先做一些练习，尽量突出自己的个性，写出自己的特点来。这前一点好办，后一点需要做进一步的解释。

接下来建议大家先做一些练习。拿草稿纸和笔，写下几项你所从事的最重要的岗位职责，每项职责用一页纸。然后在每一项职责下面写下

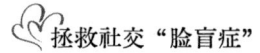

完成该项工作所需要的专业技能，最后写下每一项专业技能的发挥使你完成了什么业绩。

因为是撰写个人简历的练习，因此不必过于注意语法修辞，只要用短句短语写下即可。这样你会对自己写下的东西惊叹，它读来比你想象的要好，然后再不断地重读和修改。

然后我们就可以动手撰写了。一般而言，个人简历有两种主要的形式。一种是按时间顺序编写的，即求职者学历和工作经历一律按时间先后一一罗列于个人简历上。另一种是按工作岗位的职能编写的，即求职者将自己所从事过的工作，担当过的岗位职能，一一罗列于个人简历上。

按时间顺序编写的个人简历突出了申请人在专业上、业务上不断成长、不断进步的过程。如果你的工作经历一帆风顺，从实习生到技术员、工程师、科长、部门经理、副总经理，从未中断，从未发生职务下降、下岗、待业等情况，那么采用这种按时间顺序编写的个人简历对你非常有利。不少企业非常器重这样的人才。

按岗位职能编写的个人简历要突出的是申请人的专业技能。如果你的工作经历虽然没有步步高升、拾级而上，但是你却在多种不同的工作岗位上做过，承担过各种不同的岗位职责，那么采用按岗位职能编写的个人简历将会发挥你的优势。例如你是财会人员，先后做过会计、审计、出纳、预概算等工作，就可将这些工作及其主要业绩分项列出。

你可以撰写两份个人简历，两种形式各一份。采用哪一份视用人单位的需要而定。如果用人单位需要在技能上要求很高、专业性很强的人，而你恰好很对口，不妨递交一份按时间顺序编写的个人简历。如果用人单位需要一位多面手，各方面都能应付，都能独当一面地工作，而你恰好都能胜任，则应该用按岗位职能编写的个人简历去申请。

　　在还没踏进应聘场之前，除了个人简历外，求职信无疑是求职者抛出的又一块"敲门砖"。你抛出的这块"砖"能不能引来"玉"，关键就看你的求职信是不是独到新奇，能让聘方把你与平常的求职信区别开来，让聘方对你刮目相看。

　　新奇本身就是一种创意，一种才能，一种个性形象，而这正是聘方所需要的。所以，精心设计求职信，别出心裁地追求新鲜奇特的创意是十分必要的。

　　大多数初入社会的年轻人认为，自荐材料越多越全面越能显示自己"有才干"。于是，洋洋洒洒，枝蔓庞杂，材料堆积，华而不实。其实，这样做恰恰走进了一个误区。真正明智的做法，应该是把最为重要的经典的东西展示于人。

　　学习中文的耿冰去沿海某报社应聘。事前精心准备了学校的推荐意见等等，用打印机打了满满 8 页纸。可到了应聘现场，耿冰发现，由于应聘者太多，报社负责招聘的工作人员只能对每份材料草草扫上几眼，根本无暇详阅。于是他急中生智，在一旁把自己的自荐材料重新修整，只重点突出个人简历、所获荣誉、发表作品和自荐信四项，并用漂亮的钢笔字工整地誊写出来。结果他以简明扼要、一目了然的自荐材料，与那些枝蔓庞杂、华而不实的自荐材料区别开来，让报社的工作人员一眼就把他挑了出来，从而圆了自己的记者梦。

　　事实证明，求职信有没有创意，能不能引起用人方的兴趣，对于能否赢得面试机会意义重大。所以，求职者在撰写求职信的时候，在明确地说明自己基本情况的同时，更重要的是应精心策划，甚至挖空心思，努力追求个性化的新鲜创意，让对方爱不释手。那时，面试的通行证定会飞到你的手上。

把自己的价值"卖"出去

毋庸置疑，没有人不想得到别人的关注，没有人愿意默默无闻地过完一生。在这个充斥着竞争硝烟的社会上，为了吸引别人的注意，获得成功的资本，聪明人多会看准时机，巧妙地推销自己，抬高自己的身价。

小明刚从学校毕业，急于找一份工作。

他备好履历表、学校成绩单以及教授的推荐函，主动到一家杂志社人事部应聘。

"请问，贵社需要一名优秀的编辑吗？"小明问人事经理。

"对不起，不需要。"

"那么一名好的采访记者呢？"

"也不需要。"

"一名认真的校对呢？"

"不需要。我实话告诉你吧，社里目前不景气，各部门都已额满，没有任何空缺。"

"经理，那么你们一定需要这个东西。"说完，小明从背包中拿出一个设计精美的招牌，上面写着——"全部额满，暂不录用。"

结果，极富创意的小明被杂志社高薪礼聘，担任杂志社的宣传工作。

法国著名职业选择研究家巴乐肯，在《形体、性格与职业选择》一书中说道："不论是一位医生、律师、舞蹈教师，还是银行职员，你的一生成败大部分依赖于你是否具备推销自己潜能的能力。有些人天生懂得怎样有效地推销自己，并给人们一种良好的印象，这完全是因为他们使用了一点额外的智力，我们姑且称之为'推销潜能意识'。"像上文中的小明，他就是一个推销自己的"天才"，他的这种思维转换，令人意想不到又饶有趣味，所以他成功了。

还有这样一个故事：

每当夏季销售旺季，某某市场都需要增添人手，并且待遇从优。一个男孩子要求来干，经理看他瘦小的样子，只答应让他试干一天。一天未到，经理便拍板留用了他。因为他干完本职工作之后，还做了些分外的工作，而这些工作恰恰表现出了他的潜能。他对一位来买东西的阔太太说："太太，我想应当替您把牛油和肥皂分别包装才好。"那位太太听了这话十分高兴。随后，他又拖着大批货物送到那位太太的汽车上，问道："把这些东西放到哪里合适？"他扶那位太太上了汽车之后，又说了一句："谢谢您。"经理看到了这个场面，从而便认定这位小伙子是把好手。

在传统的观念里，人们只知道知识的培养，却不懂得自我表现。在当今这个社会，人缘不会主动跑到你面前，如果你不懂得自我推销，那你将错过许多唾手可得的人缘，这是多么可惜的事情啊！自我推销并不是必须具备充足的能力，只要认为自己有这方面的潜力，就完全可以把自己推销出去。因为一个人的能力不是天生的，要不断地在实践中摸索、锻炼，能力才能得以很好地提高与发挥。如果不给自己一个锻炼的机会，即使有能力，也不会有施展的舞台，只能被埋没。

当然，自我推销也是需要技巧的，正像推销产品一样。

法国歌唱家亚尔乔在电影《精歌悲泪》中唱的一首歌使他走红，而嗓子绝不比亚尔乔差的一位年轻歌唱家，在一家咖啡馆里也演唱这首歌，他的身子斜倚钢琴，两手把在胸前，用极优美的声音低唱那首歌，十分优美动人，但是经理每周只给他 75 美元，而亚尔乔每周却赚 3500 美元。不解之余，人们终于发现了他俩唱歌的不同：亚尔乔走到台边，一条腿跪下，两手张开，眼睛睁大，嘴也张着，向你悲歌，向你哀求，深深地打动听众的心弦。

人人都有潜能，但并非人人都能表现出潜能。下面就介绍一些推销自己的原则：

首先，应该在适当的场合下，恰当地表现自己的潜能。比如你有绘画的潜能，而你所从事的却是销售工作，那么你就可以在做销售的同时充分表现出这种潜能，绘制漂亮的标签和宣传广告，这样你就比其他销售人员多了一份优势。

其次，应该善于迁移自己的潜能。把自己的潜能与其他活动结合起来，创造出一种新的能力，这种能力就是别人所不具备的了。那么你较之于其他人，就会更有吸引力。

最后，推销自己潜能的目的在于让对方接受自己，所以推销潜能还要顾及对方，不可一味卖弄，弄巧成拙。

　　有位女士打算招一名"管家"来照管她的豪华住宅。这件好差事，引得许多女孩子参与应招。但很多优秀的女孩子都没有被女主人"相中"，却是一名看似再普通不过的姑娘意外胜出，这是为什么呢？因为，无论是那些漂亮的女孩子也好，有能力的女孩子也罢，她们都不善于在女主人面前推销自己，只有那位"再普通不过"的女孩子，利用赞叹，巧妙地表达了对这所豪宅的向往之意，这能不打动女主人那"挑剔的心"吗？自然，她也就获得了女主人的认可，如愿以偿地当上了"管家婆"。

一个人即使有天大的本事，如果不为人知，不被人发现，就像地下尚未开采的煤，深深地埋在地下，永远也不会有出头之日，要想得到其他人的承认，不仅要主动推销自己，还要善于推销自己。

让人看到你闪闪发亮的地方

有的人没有得到提拔，并不是因为没有本领或者得不到机会的眷顾，而是因为在关键时刻不敢去露一手。他们没有胆量，自信心不足，或者认为是分外之事而不去插手，结果就是错失良机，白白浪费了自己的才华和表现自己的机会。

安德烈·卡耐基是美国宾夕法尼亚州一座停车场的电信技工。当时他的技术已经相当好了，但他并没有引起上层决策者的注意，因而也一直没有被提升的机会。

一天早上，停车场的线路因为偶发的事故，陷于混乱。此时，他的上司还没上班，该怎么办？他并没有"当列车的通行受到阻碍时，应立即处理引起的混乱"这种权力。如果他胆大包天地发出命令，轻则可能卷铺盖走人，重则可能锒铛入狱。

一般人可能说："这并不干我的事，何必自惹麻烦？"可是卡耐基并不是平平之才，他并未畏缩旁观！

他果断地下了一道命令，在文件上签了上司的名字。

当上司来到办公室时，线路已经整理得如同从来没有发生过事故一般。这个见机行事的青年，因为露了漂亮的这一手，大受上司的称赞。

公司总裁听了报告，立即调他到总公司，升他数级，并委以重任。从此以后，他就扶摇直上，谁也挡不住了。

卡耐基事后回忆说：

"初进公司的青年职员，能够跟决策阶层的大人物有私人的接触，成功的战争就算是打胜了一半——当你做出分外的事，而且战果辉煌，不被破格提拔，那才是怪事！"

"智者千虑，必有一失；愚者千虑，必有一得。"当你发现决策有问题，若按此办将来可能出大娄子时，就应该鼓足勇气提出来。要知道，你可能穷尽毕生努力，也不会得到别人的赏识，而冒险抓住这一机会，就可能把你的能力和价值展现给同事和领导，特别是意见未被采纳，人们更会在后来的失败中忆起你的表现，赞叹你的精明。

请务必谨记，看准了要说出来，千万不要太顾忌面子。如果在这时你还想"我说出来大家会难堪的"，那就说明你是一个注定不能脱颖而出的人。

我们常常会不期而遇一些在身份、才识、经验、能力等各方面比我们高出一筹的人，在这种情况下，有些人往往会因此而自卑，因为自己不如人而对对方产生一种心理上的畏惧感，从而自信心便大打了折扣。"自信是成功的基石。"如果一个人连自信都失去了，那么他要想得到成功，恐怕只能是幻想。一个人不论处于什么环境之下，只要不丢失自信，就会有成功的希望。

不自信的表现有许多种，如看到一个在各方面都比自己强的人，既想上前去接近对方，又怕对方会拒绝自己；既想在他人面前表述自己的观点，又怕表述不当而被他人耻笑；既想插入到别人的谈论中，又怕别人对自己的话不在意乃至讨厌等，所以最终只好自己寻找个孤独的角落，甘受冷落了。其实你完全可以将头脑里的一切顾虑都抛开，大大方方地想如何说就如何说，想如何干就如何干。只要你做得不过分，做得恰当，那么你自然会得到大家的肯定。

有几个窍门和规律与你共享：

一、要实干，掌握真本领，也要适时表现。所谓适时，一是要找到恰当的事情动脑筋，扫地抹桌子，就会被提升为清洁组组长；二是在显

山露水时，不要过于扎眼，遭受众人谴责而树立敌手。

二、显能耐不宜过频过多。天天都干出格的事，人们再也不觉得你有什么稀奇处，只能被骂作爱出风头而已。所以你总是要留一些绝活儿，留出显示的余地。如果你能经常露上那么一点点新鲜的才华，老板则会对你抱有希望，弄不清你的深浅，重要的事也敢托付于你。

把劣势转化为优势

就像十指有短有长一样，上天对每个人也不是绝对公平的，许多人身上都有这样或那样的缺陷，不同的是，一些人因此失落沉沦，一些人却因此另获良机，过得甚至比一般人还好，这是什么原因呢？也许通过深入观察，会发现他们做人的心态大相径庭。活得好的人，他们大都具备一种让自己把劣势转化为优势的处世态度。

先看这样一个小故事：

某电影导演，为拍一部片子四处寻找合适的演员。一天，导演发现了一个合适人选，便通知他准备试镜头。这个人十分高兴，理了发，换上新衣，对着镜子左照右照，总感到自己两粒"犬牙"不好看，于是到医院把牙齿拔掉了。后来，他兴致勃勃地去报到，导演一见到他，便失望地说："对不起，你身上最珍贵的东西，被你自己当缺陷给丢掉了，影片已经不需要你了。"

这个长"犬牙"的人没有意识到自己的这种劣势在这里正是优势，传统的虚荣观念毁掉了有可能使他的人生大放异彩的机会。缺陷人人都有，关键在于你如何看待它。

我们愈研究那些有成就者的奋斗经历，就愈加深刻地感觉到，他们之中有非常多的人之所以这样而不是那样，是因为他们虽然有一些会阻碍他们的缺陷，但是缺陷并没有让他们沮丧，相反却使他们因此加倍地努力而得到更多的报偿。正如威廉·詹姆斯所说："我们的缺陷对我们有意外的帮助。"

也许正是这样，我们无法否认，很有可能密尔顿就因失明，才能写出优美的诗篇；而贝多芬的耳聋才使他创作出传世的曲子。

曾长期担任菲律宾外长的罗慕洛穿上鞋时身高只有 1.63 米，原先，他与其他矮小的人一样，为自己的身材而自惭形秽。年轻时，也穿过高跟鞋，但这种方法令他精神上不舒服，他感到这是在自欺欺人，于是便把它扔了。后来，在他的一生中，他的许多成就却与他的矮小有关，也就是说，矮小倒促使他崭露头角，与众不同。以致他说出这样的话："但愿我生生世世都做矮子。"

1935 年，大多数的美国人尚不知道罗慕洛为何许人也。那时，他应邀到圣母大学接受荣誉学位，并且发表演讲。那天，高大的罗斯福总统也是演讲人，事后，他笑吟吟地怪罗慕洛"抢了美国总统的风头"。更值得回味的是，1945 年，联合国创立会议在旧金山举行，罗慕洛以无足轻重的菲律宾代表团团长身份，应邀发表演说。讲台差不多和他一般高，等大家静下来，罗慕洛庄严地说出一句："我们就把这个会场当作最后的战场吧。"这时，全场突然一片寂静接着爆发出一阵掌声。最后，他以"维护尊严，言辞和思想比枪炮更有力量……唯一牢不可破的防线是互助互谅的防线"结束演讲时，全场响起了暴风雨般的掌声。后来，他分析道：如果大个子说这番话，听众可能只是客客气气地鼓一下掌，但菲律宾那时离独立还有一年，自己又是矮个子，由他来演说更加铿锵有力，有意想不到的效果，从那天起，小小的菲律宾在联合国中就被各国当作资格十足的国家了。

由这件事，罗慕洛认为矮个子不一定就是自己的劣势，它也是自己的特点。矮个子起初总被人轻视，后来，有了不错的表现，别人就觉得出乎意料，不由得佩服起来，在人们的心目中，成就就格外出色，以致平常的事一经他的手，似乎就成了惊天之举。

的确如此，面对劣势，我们更要勇敢地正确面对，利用劣势开拓一条属于自己的路。劣势也会变成创造机会的有利条件，关键在于我们采取什么样的态度和方法。命运给我们的暗示也许正是这样：你认为你是什么样的人，就会成为什么样的人。

将分外之事当成分内之事做

在实际工作中，做好本职工作是必须的，但要想更多地得到领导的关注，为自己开创出更多的机会，就要有更多的社会责任意识，既做好"分内"事，也做好"分外"事。工作中其实没有分内分外，只要是不影响自己的情况下就尽量多为公司付出一些。

所谓能者多劳，同样，多劳你亦会有很大机会成为"能者"。在职场上，率先主动是老板备为看重的一种职业素养，它能使人看起来充满干劲，使人变得更具挑战性，更加积极，无论你是一名管理者，还是普通职员，"每天多做一点"的工作态度，都能令你从竞争中脱颖而出。你的老板、委托人和顾客都会关注你、信赖你，从而给你带来更多的机会。

所以，有智慧的人大多会选择自觉自愿地去"多做"，虽然这样可能会占用他们一些休息时间，但他们知道，每天多做一点，自己就会与周围那些尚未行动的人形成鲜明对比，这已然在竞争中占据了优势。这种意识会使人在任何一个领域、一个公司均获得大量的成长机会。

乔治一生的转折点是由一件小事情引起的。一个星期六的下午，一位律师走进来问他，哪儿能找到一位速记员来帮忙——手头有些工作必须当天完成。

乔治告诉他，公司所有速记员都去观看球赛了，如果他晚来五分钟，自己也会走，并表示自己愿意留下来帮助他，因为"球赛随时都可以看，但是工作必须在当天完成"。

做完工作后，律师问乔治应该付他多少钱。乔治开玩笑地回答："哦，如果是别人的工作，我当成是帮了一次小忙，既然是你的工作，大约八百美元吧。"律师笑了笑，向乔治表示谢意。

乔治的回答不过是一个玩笑，并没有真正想得到八百美元。但那位律师并没有把它抛到脑后。六个月之后，在乔治已将此事忘到了九霄云外时，律师却找到了乔治，交给他八百美元，并且邀请乔治到自己公司工作，薪水比现在高出八百多美元。

乔治放弃了自己喜欢的球赛，多为公司做了一点事情，最初的动机不过是想帮人应急，而不是金钱上的考虑，但结果让他不仅为自己增加了八百美元的现金收入，而且为自己带来一个比以前更重要、收入更高的职务。

一个聪明人，绝不会抱有"我不得不为别人做什么"的想法，而是时常在想"我能为别人做些什么"。平庸的人大多认为，踏踏实实做事、本本分分做人就可以了，但事实上这远远不够，尤其是对于那些谋求事业上更大发展的人来说更是如此。一个人要想取得社交和事业上的成功，就必须做得更多、更好。

倘若你是一名物流公司管理员，也许可以在自己的工作任务完成以后，仔细查看一下发货清单，或许你会发现一个与自己的职责无关却未被发现的错误。

如果你是一名速递员，除了保证信件能及时准确到达，也许可以做一些超出职责范围的事情……这些工作也许是专业技术人员的职责，但是如果你做了，就等于播下了成功的种子。

付出多少，得到多少，这是一个众所周知的因果法则。也许你的投入无法立刻得到相应的回报，这时不要气馁，应该坚持，应该一如既往。

回报可能会在不经意间，以出人意料的方式出现。最常见的回报是晋升和加薪。除了老板以外，回报也可能来自他人，以一种间接的方式来表现。

多做一点不仅播下了你加薪或晋升的希望，而且你能从中学到更多，积累更多，以使自己更强大，走向更高的层次，而我们付出的只是一点时间，难道觉得这不合算吗？

要知道，领导所喜欢的，不仅仅是可以胜任本职工作的员工。他希望自己的下属可以充分施展才智、发挥热度，为自己带来惊喜、为企业增加效益。在领导看来，一个积极主动、对工作充满热情的员工，不论在哪个岗位上都会脱颖而出，这样的员工才是值得重用的。

让你的与众不同刻在领导心里

职场中，很多人抱怨领导不给自己机会，整天牢骚满腹，一副怀才不遇的样子，却很少反省自己，能力不足又不肯虚心学习，结果只能被淘汰。要想让领导赏识你，首先就应该在自己身上找问题，只要有真本领，还怕领导不欢迎？

从前有一个人很不满意自己的领导，愤愤地对朋友说："我的领导一点也不把我放在眼里，改天我要对他拍桌子，然后辞职不干。"

他的朋友反问道："你对你们贸易公司的情况完全弄清楚了吗？对做国际贸易的窍门完全搞通了吗？"

他哑然。

朋友建议说："我建议你好好地把一切关于国际贸易的技巧、商业文书和公司结构完全弄明白、清楚，甚至连怎么修理影印机的小故障都学会，然后再决定要不要辞职。"

那人听了朋友的建议，从此勤勉好学，向优秀的人学了很多有用的知识。很多时候，甚至在下班之后，还主动留在办公室里研究问题。

一年之后，那位朋友偶然遇到了他："你现在大概多半都学会了，可以拍桌子不干了吧？"

他说："可是我发现，近半年来，领导对我刮目相看，最近还委以重任，又升职、又加薪，我已成为公司的红人了。"

朋友说："领导之所以不重视你，就是因为你的能力不足，又不努力学习。你多学好问，认真钻研，领导当然就会对你刮目相看。"

领导赏识你的另一个前提就是：与众不同。

人对于与众不同的人或事物总是分外关注，如果你的与众不同是积极、健康的，那自然会引起领导的赏识。举个例子说明一下：

有个承包大工程的老板，亲自督导一幢摩天大楼的兴建工作。

一名衣衫褴褛的小孩，走到这位衣着光鲜的大老板身旁，问道："我长大之后，怎样才能像你这样有钱？"

这位老板虽然上了年纪，但他也是从小工干出来的。他看了一眼那个孩子，显然有一种同情心，不过还是粗声粗气地说："买件红色衬衫，然后拼命干活。"

这位老板认为，这就是他毕生的经验总结。

小孩被对方的语气吓了一跳。

他不明白老板的话，一脸的迷惑……

老板用手指指那些往来于大楼各层脚手架上的工人，然后对小孩说："你看看那边的工人，他们全都是我的员工。我不记得他们的名字。而且，他们之中，有些人我从未见过。但你看看那个穿红衣服的，他很特别，因为大家都穿蓝色，只有他一个人穿红色。而根据我近日的观察，他比其他工人都认真，每天早到晚走，手脚又勤快。我之所以注意到他，是因为他穿着与众不同的衣服。我打算上他那儿去，问他愿不愿做工地的监工。他肯干的话，日后也一定会升职，说不定还会当上我的副经理。"

老板停了一会儿，看了看孩子的反应，接着说："其实，我以前也是这样干起来的。我要求自己工作比别人勤快，比别人认真。我跟大家一样穿工装裤，但我的上衣是一件与众不同的条纹衬衫。就这样，老板注意到了我。我拼命工作，最后真的受到了老板的注意和赏识。升迁后，我存了一笔钱，然后自己开公司当老板。我就是这样创出今天的局面的。"

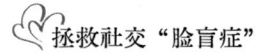

当然，要使领导赏识你，也不是一朝一夕的事。只有在平时的工作中慢慢地体察，从点点滴滴做起，才能一步步在领导心目中树立起良好的形象，将你的"与众不同"刻在领导的脑海里。

首先，当你与自己的领导接触时，要表现出真挚和诚恳的样子。与领导见面时，你不要高谈阔论，大谈自己如何出色，把自己极力推销出去。这样只能使你的领导觉得你是一个华而不实的人。相反，你应当诚恳地谈谈自己的情况，包括一些优点和缺点，显示出你工作的诚意，给领导一种实实在在、谨慎有礼的感觉。

其次，要活泼而不轻率，开朗而不狂傲，精明而不奸诈。在与领导相处时，不要过于轻率地回答他的提问，更不能表现出狂妄的样子，而要深思熟虑后小心作答，尤其是对于自己不太明白的问题，更要慎重考虑，实在不能回答，则要如实相告。即使你对某一问题特别熟悉，也不要摆出"专家"的架子，大发议论。明智的做法应该是：停顿几秒钟，做思考状，然后用平缓的语调有条不紊地阐述你的见解，回答完后问一下领导的意见，比如你可以说："王总，我对这个问题也没有太深入的研究，说得不对的地方，还请您多多指教。"这样一来，领导自然会对你有好感。

做个"有声音"的职场聪明人

身在一个公司，职员众多，起点大致相同，能力又不相上下，怎样才能让领导格外注意到你呢？答案很简单，多让领导听见你的声音，做个"有声音的人"。

譬如，当你完成了一件很棘手的任务，一定要先向你的领导汇报，让他知道你有一个好脑袋和当机立断的能力，不光只会吃干饭。而不要等有了纰漏才想到去找领导，成绩与纰漏，领导更喜欢哪个呢？

现如今，各行各业都竞争激烈，领导们整天琢磨着怎样削减成本，能够大展拳脚的项目少之又少。同时，高职位人员不敢轻言跳槽，因此没有多少空缺留给低层人员。

在这种情况下，许多裁员潮的幸存者们刚刚喘了口气，又不得不面对日复一日地修炼，被迫加入既不掉队又不领先的"阿混"一族。

那么，要摆脱工作变成鸡肋的局面，难道就没有办法了吗？当然有，那就是经常让领导听见"你的声音"。或许看到这里，一些腼腆的男同胞会感到挠头，不知该如何下手。其实，这并不难，以下便是本书为大家提供的两点建议，以供参考。

一、上班时，不要把自己藏在电脑后面。一家职业管理公司的创始人兼首席执行官迈克尔·凯维说："其实你应该设法增加或者保持公开露面的机会。"

如果你拥有一个能让你的才干为他人所注意的工作，那么你可能不必采取直接的措施增加你在组织中的曝光度。但多数人的工作是处理一些曝光率很低的事务，或者只是共同活动中的一分子，很难把你个人的特定贡献从中分离出来。

在这样的情况下，你应当尽量提高自己的曝光度，让别人了解你。

在例会中多发言，参加特别工作组，以及主动要求承担同事不愿干的困难计划，都能保证自己的曝光率。发言时想想点子，把你目前的工作和公司发展大计结合起来，在宣传公司的同时不忘记巧妙地把自己的工作做一介绍。

当你做出某些成绩或经过努力而提前完成任务时，别忘了宣传自己。就算没什么可吹嘘的，你总可以找出一些你没犯过的错吧？找出你为了避免犯错而采用的方法，比如冷静或有条理等，巧妙地向你身边的人说说。

多参加多人协作的项目，当人们的视野之中总有你的影子时，你的工作才更有价值。当别人都不愿意碰的"硬骨头"出现时，自动请缨，崭露头角的很可能就是你。

可以主动去承担更多工作，遇到难题，请领导提意见，但仍由你自己去决定执行的方法，让人看到你独立胜任的一面。

二、下班后也不要"躲起来"。有些领导喜欢与下属打成一片，希望上下一心，工作更加畅顺。所以，要主动地搞好工余活动，如积极参加团建项目、和同事领导周末一起游泳或野餐等。

参加这些聚会，许多人会显得十分不自然。例如，领导坐着的一张桌子，你便不敢坐下，宁可挤到另一张已坐满同事的桌子去，既怕要"应酬"，更怕因紧张在领导面前"失仪"。

既然是工余活动，所有在办公室里的等级和习惯，都应该暂时摒弃，投入群体活动，好好享受现场的氛围和环境。

卸下了工作的包袱，大家自然会变得轻松，各种本能也表露无遗。你只需将自己与领导、同事等同对待，凡事都会变得自然了。

大单位常在节日搞舞会、郊游等活动，有些不善应酬的人士总是挂免战牌，这样做对工作绝无益处。许多领导特别重视集体活动，因为在比较轻松的场合，他可以跟雇员多接触，了解他们。而这对于下属来说，也是一个绝好的机会。在悠闲之中，互相沟通较容易，更可以在不知不觉间与领导熟悉起来。

当领导听见了你的声音，便会在不知不觉中关注你，关注你的工作和能力，并相应地给你更多的机会。

要敢于毛遂自荐

领导怎样才会器重你？怎样才能对你委以重任？这首先就要看你是否具备相当的才能。所以说，一名职场人若想获得领导的青睐，在职场上可以大展宏图，就一定要使出浑身解数，最大限度地施展出自己的才能。

战国时，毛遂在关键时刻勇于站出来，慷慨激昂地向平原君推销自己："我没干出什么大事，主要是您平原君没叫我干，如果……我早脱颖而出了！"于是他光荣地成为出使楚国代表团的二十人之一。

秦国大军围困邯郸久而不去，平原君四处搬取救兵。他准备联合楚国共同抗秦，于是决定在他的三千食客当中挑选文武兼备的20人同他一起去楚国谈判。但是选来选去，只有19个人合乎条件，剩下1人一直空缺，没法凑满20人。

有一个门客叫作毛遂，走上前去，自己推荐自己说："我听说主公将联楚抗秦，准备带20人一起去，现在还少一人，希望主公把我当一个预备队员跟着一起去吧！"

平原君答应了毛遂的请求。而那已经选用的19人，都用目光讥笑毛遂。

平原君与楚考烈王议论联盟之事。平原君反复说明联盟之利，不联盟之害。太阳刚升起就开始谈论，太阳已经当顶还没有结果。

这时，毛遂握着剑柄顺着台阶走了上去，对平原君说："联盟的好处坏处，两三句话就说清楚了。如今，太阳初升就开始谈论，太阳当头还是悬而未决。这到底是为什么？"

楚考烈王斥道："快下去！我正跟你们主人说话，你来干什么？"

毛遂手握剑柄，向前再跨进一步说："大王之所以叱我，就是倚仗楚国人多势众。如今十步之内，大王不能倚仗楚国人多势众了，你的命就掌握在我手中！我听说过，商汤凭借七十里之地而统一天下，周文王依靠五百里之地而臣服诸侯，难道是他们的士卒众多吗？他们成功的原因在于依据形势而施展威风。如今楚国地方五千里，雄兵数百万，这是称霸天下的资本。凭楚国如此强大，没有哪一个国家抵挡得了。白起，不过是一个小孩子而已，带领数万秦兵，兴师跟楚国开战，第一战就攻下楚国都城鄢、郢，第二战就火烧夷陵，第三战辱及先王祖坟。这是百代的仇恨，连赵国都感到耻辱，但是大王还不知道厌恶？联合抗秦，是为楚国，而不是为赵国！"

楚考烈王连连点头："果真像先生说的这样，楚国诚心联盟。"

平原君一行胜利达成联楚抗秦之盟归来。

平原君说："我不敢再妄谈能够识别人才了。我相士多达千人，至少也是数百人，自以为不会看错人。但是如今在毛先生这里却看错了。毛先生三寸之舌，强过百万之雄师啊。"

毛遂的成功就在于他勇敢地抓住了这次机会，否则他仍然是一个默默无闻的食客。

人都是有弱点的。同样一位员工，如果在单位里害怕领导和同事发现自己的不足，而极力地进行掩饰，可能短时间内不会被解雇，但可以肯定的是，他永远也不会被提升。

与其一味消极地隐藏自己的弱点，倒不如采取积极的策略，展示自己优秀的一面，以便在竞争中占据有利的地位。当然，你所拥有的这些一定要是对手所没有的，这样才能体现你的优势。然后再通过适当的途径把它们展示出来让别人了解你、认识你，从而自己为自己铺平前进的路。

市场部职员刘光余不久前被提升为秘书室主任，那是因为他平时所做的策划文案都十分精彩，并常有文章在报纸杂志上发表。当刘光余得知秘书室主任一职空缺，公司内定人选是打字员黎静时，自信的他便来了个毛遂自荐。总经理边翻看着刘光余的文案，边对他一手刚劲的字体发出赞叹，为了公司的发展，慎重考虑之后，总经理决定放弃那个长得漂亮但文笔平平的黎静。

"好酒不怕巷子深""土不埋金"的古训，有时在职场竞争中并不适用，等待别人发现，往往会使自己错失很多良机，不如像刘光余那样主动让别人来发现你。在竞争如此激烈的今天，如果你总是躲在一旁，不去引人注目，那么想一想：在到处是才思敏捷的智者的职场里，领导的目光会穿过这么多亮丽的光环看到默默无闻的你吗？你能有多少脱颖而出的机会？

一个人，如果不懂得创造机会，有了机会又不知道如何把握，在激烈竞争中，就必然会一败涂地，恰如一只不懂得在人前开屏的孔雀，又怎会让众人因它的美丽而发出赞叹和欣赏？

由此可见，善于创造机会，及时抓住机会，充分展现自己优秀的一面，对于一个志在成功的人而言，显然是非常重要的。

第七章

培养敏锐洞察力
——知人知心，是深入发展的前提

　　"百智之首在于识人"，我们身处的这个社会纷繁复杂，每个人都会不由自主地将真实的自己伪装起来，戴着面具与人交往、共事和竞争。若我们不能掌握一眼看穿他人的本领，那么就很难辨清他人的性格和心理，就无法找到与他人正确相处的方式，赢得他人的赞赏和认同。

学会观察，看到本质

通过观察可以精准地看清一个人的心，特别是看穿初次相识的陌生人的心，说难也不难。再高明的人，也会在不知不觉中把自己的内心世界暴露出来，只不过暴露的程度、方式有所不同罢了。因此，你应当学会利用自己的眼睛和大脑，通过观察、分析形形色色的表象，抓住问题的实质，在对方不知不觉的情况下，对他有一个起码的了解。

下面介绍几种在第一次见面时如何通过观察看清他人内心的方法。

一、从打招呼的方式看他的内心

即使是一个看似简单的打招呼，也能给你提供了解对方内心的机会。你可以看看，以下列举的外在表现与所分析的内心世界是否一致。当然这种分析总会有一些例外，但大体上应该是准确的。

一面注视对方，一面行礼的人，对对方怀有警戒之心，同时也怀有想占尽优势的欲望。

凡是不敢抬头仰视对方的人，大部分都是内心怀有自卑感的。

使劲儿与对方握手的人，具有主动的性格和信心。

握手的时候，无力地握住对方的手，表示他有气无力，是性格脆弱的表现。

握手的时候，手掌心冒汗的人，大多数是由于情绪激动，内心失去平衡。

握手的时候，如果目不转睛地注视着对方，其目的要使对方在心理上屈居下风。

虽然不是初次见面，但始终都用老套的话向人打招呼或问候。这种人具有自我防卫的心理。

二、从他的眼睛窥视他的心灵

初次见面的时候，首先将视线朝左右瞄射者，表示他已经占据优势。

有些人在被别人注视的时候，会忽然将视线躲开。这些人大体上都怀有自卑感，或有相形见绌的感受。

抬起眼皮仰视对方的人，无疑是怀有尊敬或信赖对方的意思。

将视线落下来看着对方，乃表示他有意对对方保持自己的威严。

无法将视线集中于对方身上，很快地收回自己视线的人，大多属于内向性格者。

视线朝左右活动得很厉害，这表示他还在展开频繁地思考活动。

三、从他的举动看他的潜台词

人的一举一动，特别是下意识的形体动作，也能向你泄密：

交臂的姿势表示保护自己的意思，同样地，这种动作也能表示可以随时反击的意思。

举手敲敲自己的脑袋，或用手摸着头顶，即表示正在思考的意思。

摸头的手颤动得很厉害，即表示全心全力在思考的情况。

用双手支撑着下腭，大多数的情况都表示正在茫然的思考中。

四、从他的癖好看他的特性

搔弄头发的癖好，是一种神经质。凡是涉及有关自己的事情时，他们会显得特别敏感。

说话时常常用手掩住自己嘴巴的女人，是有意要吸引对方。

拿手托腮成癖的人，即表示要掩盖自己的弱点。

不断摇晃身体，乃是焦灼的表现，这是为了要解除紧张而表现出来的动作。

双足不断交叉后分开，这种癖好表示不稳定。如果女性具有这一癖习，就表示她对某位男性怀有强烈的关心之意。

眼睛在动，他的心也在动

俗话说"眼睛是心灵的窗户"，人的眼睛是最有表情的部位，眼睛能把人心里所想的完全表露出来。诚如人们所说的"会说话的眼睛"，人在大多时候，不同的思绪动向会反映在眼睛里。通常人心中所想到的事物，眼睛会比嘴巴还快地表现出来，而且几乎不可能掩饰得住，因此，即使难以用言语表达，眼睛也会原原本本地表现出来。有的时候，虽然嘴上一再反对，眼睛却流露着赞成的意味；而有时，口头说着好听的话，眼睛却会"揭露"嘴巴所讲的谎话。所以说，眼睛是"口是心非"的最佳泄密者。

观察力强的人必然有过这种经验，不妨试着注意您身边的电视机。

某位男歌星，他演出时经常全场爆满，深具实力，也广受欢迎。他对观众的态度也相当高尚优雅，始终笑容可掬，当他的面部表情占满整个荧光屏时，他的眼睛，会反映出一颗什么样的"心"呢？

尽管整张脸满溢着笑容，但那双眼睛，却是一点也不笑的，甚至可注意到他的目光很严肃、一本正经。他的眼睛并未跟脸一起笑，如果眼睛也漾着笑意，他的心必然也在笑；如果心在笑，那一定是他目前已不为舞台上的成功与否担心。人如果心在笑，就是紧张的情绪获得缓解，不再感到压抑了。

与他人面对面交谈时，有的人会把视线从对方脸上移到一旁，东张西望地说话。也许他不看对方的脸，是因为不自信和没礼貌，因此总令人觉得这种人不可信赖。

可是，千万不能就此断然下判断。因为诸如小心谨慎的人、没有自信、怯懦的人，以及并非心存愧疚却因畏缩而不敢正视对方的人，为数不少，从他们平日的性格表现中，便能马上了解这些人。

容易害羞或难以对付的人，有时也会把视线移开，不看对方的脸。

试着观察人的眼睛，你可以发现其中能流露出的各种变化。此处所指的，并非那些任何人一看都能够明白的变化，而是稍不注意便难以捉摸的微妙之处。以下提供几种平时不易察觉的眼神变化：

一、注视远方的眼神

在谈话中，对方如果时时流露这种眼神，多半是对方并未在意您所说的话，心中可能想着其他的事。如果对方是进行重要交易的对手，那么他必然在心中做着各种衡量、计算，思索着如何在这桩交易中谋取最有利的策略。如果是没有利害关系的交谈对象，而对方并不专注于您的谈话，那一定是有其他的事盘踞心头。

而在类似的眼神中，也有无法将目光集中于固定一点的时候，如果

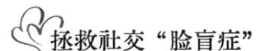
对方是重要交易的对象，就需要特别加以注意。

所以，发现对方流露出这种眼神时，便不应有所顾忌，而将心中的疑问直接提出来。

二、异常深沉的眼神

陷入思考的人，有时会出现这类眼神，而初次见面的人，谈话中也可能出现这样的眼神，这种眼神可显示出那个人有所疑惑、误解、敌意、警戒、不信任……

比这种眼神更为厉害的，是所谓光芒闪烁的眼神。人们的敌意或疑惑表现在眼睛里时，容易出现这种眼神，所以眼睛会闪烁出晶光来。它意味着可能即将出现的敌意或疑惑。

这种眼神如果出现在比较亲近的人脸上，可能是对于您无意中对他所造成的伤害有所误解，也可能是对您没有信心。另外，这种眼神还表示对方并非完全误解而是有所警戒，他的心里正犹豫不决着。

初次见面的人有这种眼神时，不是谈话中对您持不信任、警戒的态度，就是对方已有了先入为主的观念，或许他早已听到过对于您不大有利的传闻。

手部扫描助你了解心境

在与人交往中，手势已经成了其中很重要的一部分，它起着加强语言的力量，丰富语言的色彩等补充和说明的作用，更有时候，它甚至能够作为一种独立而有效的语言进行使用，它还可以帮我们看准一个人。

当然，这些手势都是在生活当中约定俗成的，大家都懂得，但这些手势在不同的地区、不同的国家、不同的信仰和文化背景下，人们的理解可能会有一些差异。

一般来说，有意图的手势传递的信息量往往更大，如挥手表示再见，双手比画一定的尺度大小，竖起大拇指表示对某人的称赞，竖起小拇指则表示轻蔑，食指弯曲与拇指接触，呈圆形，其余三指张开，表示某件事情已经完成，即"OK"。而拇指和食指伸直，呈垂直状态，其余三指并拢，成大致的枪形，则表示怀有某种仇恨，有发泄的欲望，等等。

喜欢把手指放到嘴边咬指甲或是吮吸手指的人，无论其外表多么高大健壮，他们在精神和心态上还是比较幼稚的，因为真正成熟的人绝对不会有这样的行为。

通常，一个人的手指若不停地动弹，多是因为他目前正处在一种非常紧张的状态中，而感到无所适从，凭借这种方式来转移自己的注意力，以缓解紧张的心理。用手指轻轻地敲打桌面，暗示这个人可能陷入某种困境当中或是在思考解决问题的办法，或是处在犹豫之中，不知道某个决定到底是该下还是不该下，也有可能是这个人不耐烦，用这种方式来减轻一下烦躁的情绪。

一个人如果经常做出让人感觉到非常有力量的手势，说明这是一个有勇气、有魄力，凡事敢做敢当，能够承担一定责任的人。这一类型的人做事非常果断和坚决，一旦想做，就会付诸行动，而且有一定的韧性和毅力，不会轻易放弃。

一个人如果经常有较无聊的手势和动作，说明这个人的自制能力比较差，且比较重视表面化的一些东西，虚荣心和表现欲望比较强烈。

在与人交往中，突然用两手紧紧地抱住胳膊，身体稍微有些向后仰或是双手叉腰，身子前探，这都表示对对方的话持不赞成的态度。

在听人讲话时，把双手插进口袋里，这是一种很不礼貌的行为表现，会让对方产生一种不被信任的感觉。在说错某一句话时，赶紧用手捂住嘴，做遮掩之势，这样的人多性格比较内向，而且腼腆，说错话以后会非常后悔，并感觉不好意思而耿耿于怀。

透露心底的腿部小动作

脚和腿也是人类传达信息的工具之一。

读者也许会对这种说法大感不以为然。

可是，根据身体语言的理论，腿和脚在身体语言上，也能够将个人的信息表现得淋漓尽致。

比如，你到车站前或公园门口去观察一下正在等人的一些人的表情。等了一会儿，等待者的右脚就会咯嗒咯嗒地踏着地面，而且很焦急地四处张望（当然，也有人是用左脚来动作，但一般人都习惯用右手或右脚，所以我们在这里举右脚为例）。你可以发现，当他抖完了脚之后，就会开始漫无目的地四处溜达兜圈子。

这种情景，说明这个人脚部的动作，很清楚地显示出他焦躁和不安的心理。

一般来说，人们的脚部对音乐的旋律非常敏感，你如果经常听音乐会，就会有这种感受。特别是当乐队演奏摇滚乐曲时，那些狂热的年轻听众，大多会用脚打拍子，接着是两手相拍击，更有甚者，是整个身体随着音乐的旋律而摇晃着。

换句话说，外界的刺激，能够刺激起我们的情感，而由手和脚来表现。因此，我们可以看出，在车站或公园门口等人时的踏脚，是由于事先约好的人在约定的时间没有到来，等候者心里着急而使脚部下意识地动弹。

　　有一个推销员告诉我一个小故事：他是个汽车推销员，根据他的经验，每次上门推销商品时，只要看夫妻两人的举止，就可以看出一个家庭里，谁在掌管着大权。

　　这个推销员断言，只要看每个家庭里，夫妻二人交叉盘腿的动作，谁在家里说了算，就能一目了然。比如说，夫妻两人坐在推销员面前，静听推销员用他那三寸不烂之舌一再介绍汽车的性能、特征、优点，正在双方交谈商洽的当儿，只要太太开始将腿交叉盘起来，凡是惧内的男人，几乎都立刻顺从妻子的这个动作，自己也将腿盘起来。这类的夫妻，在家里，基本上是妻子掌握一切事务的决定权，丈夫连表示一点意见的权利都没有。知道了这个秘密之后，只要主攻目标对准妻子，一心一意去说服她，那么，就能使推销的成功率达到百分之九十以上。这就是那个推销员告诉我的经验之谈。

脚部和腿部在"身体语言"上所代表的意义，准确的程度到底有多大，仍然众说纷纭，莫衷一是，在目前，还没有最肯定的理论支持这种说法。但是，许多专门研究身体语言的学者、专家们都一致承认，脚和腿的动作是人们感情表现的最重要的征象之一。因此，假如你与某人有约会，当你比约定的时间晚到几分钟时，请你注意对方的表情。当对方表示出非常的不耐烦，出现同我们前面所说一模一样的举动时，说明对方对于时间的把握相当敏感，相当守时。以后还是小心为妙，尽量遵守约会的时间，有事也应事先通知，否则肯定会影响两人之间的关系。

握一次手就知道他的内心

通过握手，可以了解他人的心理状态，这是众所周知的。如果一面同对方握手，一面用眼睛注视着对方面孔的人，在心理上有着较强的优势，是一种不大容易妥协的人。

女性若一边握手，一边注视，是她有意引起对方注意，以获取对方对自己的好感。

握手时，软弱无力，表现出完全被动姿态的人，缺乏坚强的个性，遇事可能优柔寡断。

绵软地和别人握手，则表现为——后发制人，遇事让三分。

过分殷勤地同对方握手，表现出这个人目的性很强，会奉承巴结人。

如果用谦卑的神情一再同对方握手，表明这个人怀有某种目的，因为握手不过是一种礼节性接触，过分看重这种接触，就是弦外有音了。

用右手拉住对方的一只手，再把左手握在上面，用这种方式，可以表达信任和亲密的感情。

用力握手是一种显示力量的表现。见面时用力握住对方手的人，一般主动性较强，性格外向，爽快，办事讲求效率，但有时容易急躁。

同他人握手时也会不知不觉地加了把力气。这种互动的力量，表明你对同对方的相识，感到很兴奋，希望能继续同他交往。所以，从对方握手的力量感上，也能表明交往的诚意和信任的程度。

握手时，手心出汗的人，大多数属神经类型，这部分人情绪容易激动，内心不易平衡，比较敏感。

如果在和对方握手时发现对方的手心有汗，表明对方的情绪高涨，也可以说是内心失去平稳的象征。

有些女性看起来冷若冰霜，但有位男性在握她的手时，发现她的手心在出汗，这表明握住她手的男性引起了她的兴奋和激动。

握手是一个再简单不过的动作，但就在握手的那一瞬间，他的力度、眼神就会告诉你，他是一个怎样的人。

1. 无精打采的人握手时手指头软弱无力，手也握得不紧，常是悲观、犹豫不决而看问题不太确切的人。

2. 大力士的人出手猛烈，握时用劲，活像一把老虎钳，非等对方有畏缩或表示激动之意时，才肯罢手，这是一种喜欢以体力标榜自己的人。

3. 踌躇的人无法决定自己要不要跟人家握手。当对方断定他不会握手，而把手缩进口袋里时，他又突然把手伸出来，等对方伸手过去。这是一种凡事皆表踌躇，缺乏判断力的人。

4.保守的人握手时，手臂不但伸长，肘的弯曲度呈直角，手背贴近身子，充分显示出谨慎与保守的个性。

5.有强迫倾向的人从来不放过与人握手的机会。不论何时何地，总不问亲疏地先伸出手来与对方握手。此一强迫性的握手动作，正反映出他内心的不安与自卑。

6.敷衍的人视握手为应付差事。握手仅把手指头伸向别人，毫无诚意可言。这是一种做事草率的人。

7.粗犷的人握手时的动作也比较粗犷，而且对所握的手还不停地摇晃，这是一种意志坚定、秉性刚强的人。

8.说教的人先向对方伸手，表示好感。然后开始宣传攻势，不达目的，决不放手。这是一种机会主义者，善于利用别人来达到自己的目的。

9.握手时，紧抓对方手掌，大力挤握，令对方痛楚难忍的人，精力充沛，自信心强，为人则偏于独断专行，但组织力及领导才能都很突出。

10.握手时力度适可，动作稳重，双目注视对方的人个性坚毅坦率，有责任感而且可靠、思维缜密、擅于推理，经常能为人提供建设性的意见。每当困难出现时，总是能迅速地提出可行的应对方法，很得他人的信赖。

11.握手时只轻柔地触握的人随和豁达，绝不偏执，颇有游戏人间的洒脱，谦和从众。

12.握手时习惯双手握住对方的手的人热诚温厚，心地良善，对朋友最能推心置腹，喜怒形于色而爱憎分明。

13.握手时握持对方久久不放的人情感丰富，喜结交朋友，一旦建立友谊，则忠诚不渝。

14.握手时只用手指抓握住对方而掌心不与对方接触的人个性平和而

敏感，情绪易激动。不过，心地善良而富有同情心。

15. 握手时紧抓对方，不断上下摇动的人极度乐观，对人生充满希望。他们以积极热诚的性情而成为受人爱戴倾慕的对象。

16. 有些人从不愿意与人握手，他们个性内向羞怯，保守但却真挚。

在闲谈中迅速了解一个人

从语言密码中破译他人的心态，闲谈是了解他人的最好方式，并且整个氛围显得轻松愉快，又让他人心理上没有防线。

与人谈话时，一些见识浅薄，没有心机的人就会很轻易地把自己的不满情绪倾诉给你听。对于这种人，你不应和他保持更深更多的交往，只需当作一个普通朋友就行了。

如果说与别人刚刚认识，交往一般，而对方就忙不迭地把心事一股脑儿地倾诉给你听，并且完全是一副苦口婆心的模样，这在表面上看来是很容易令人感动的。然而，转过头来他又向其他人做出了同样的表现，说出了同样的话，这表明他完全没有诚意，不是一个可以进行深交的人。

这类人对一切事物都没有什么深刻的印象，千万不要附和他所说的话，最好是不表示任何意见，只需搪塞几句就够了。

另外，还有一类人，他们唯恐天下不乱，经常喜欢散布和传播一些所谓的内幕消息，让别人听了以后感到忐忑不安。其实他们这样做的目的是为了引起大家的注意，满足一下他们不甘久居人下的虚荣心。

善于倾听的人，其表现出的是支配者的形态，此类人的谈话从不涉及自身的事情，或有关自己身边人的话题。他们的话题反而是涉及他人的某些琐事，或对方的隐私秘闻，甚至对他人的一举一动或每条花边新闻都捏着不放手，这是完全彻底地侵犯他人的隐私。

从男女情况的角度而言，表示你很关心对方，或者极度热爱对方，因为你是个忠诚的倾听者。

像这样的倾听者，十分喜欢把话题的重点放在跟自己完全无关的人、名人、歌舞影星的花边新闻逸事方面，这说明他的内心存在一种起支配作用的欲望。

由此可以得出，此类人属于沉迷于闲谈名人或明星风流韵事的人，同时也说明此类人很难拥有真正的知心朋友。这类人或许是由于内心生活非常孤独，没有生命的激情。一个人过于关注自己不太熟悉的事情，并且非常热心地去谈论他们，都是表示他们内心世界的空虚和孤独。

在日常生活中，还有一类人，他们无论在怎样的场合，与他人交谈的时候，都习惯把话题引到自己的身上，吹嘘自己当年怎样奋斗的经历。唯恐大家不了解他的光荣历史，而结果，并不像他想象得那样好。

实际上，从某个方面来分析这类人，不难发现他们是一些对现实不满的人，虽然他们没有用怨恨的语言倾诉他们自身的想法，相反却用自我表现的方式表达出来。

其实，他们还不知道这种自我吹嘘的言谈，很难适应时代的变化。或许他是个不折不扣的失败者，完全靠怀旧来过生活。

不过，可以看出他的确陷入某种欲求不满的境况中，或许他的升职途径遭受到阻碍，或者无法适应目前所处的环境。因此，他希望忘却现实，喜欢以追寻往事的方式来弥补目前的境遇。

这是一种倒退的现象，因为眼前的情况是如此的残酷，由此，他仍用梦幻般的表情来谈。从他的话题里，别人会发现他的内心深处正潜伏着无可救药的欲求和不满的情结。

分析一个人内在表现的时候，他的潜在欲望不但隐藏在话题里，也存在于话题的展开方式上。在聚会上，大家彼此正在交谈时，有人竟然不顾别人的谈话，而突然插进毫不相干的话题，这是相当令人讨厌的方式。

有些人在与别人谈话的时候，常常会把话题扯得很远，让人摸不着头绪，或者不断地变换话题，让人觉得莫名其妙。这说明此类型的人有着极强的支配欲和自我表现意识，在他的意识中，很少把别人放在眼里，而完全摆出我行我素的模样，让别人都去听从他的主张，以他的意见为主导。

一般来说，一个企业的领导，都会有滔滔不绝谈话的习惯，其实，透过这种表面的现象，可以看出他担心大权旁落的心理状态。也可以说，他是一个喜欢占据优势地位的人。

话题的内容不断变化固然是个好现象，但谈得离谱，一切显得毫无头绪的样子，那就会使听众感到索然无味。假如他是个普通人，总谈些没有头绪的话题，或者不断改变话题，东拉西扯，那就表明他的思想不集中，给别人留下支离破碎的印象。这还说明他是个缺乏理性思考的人。

一个优秀的谈话者，是很少谈及自己的事情的，而是将他人引出来的话题加以整理、分析，不断地从对方身上吸取有用的情报或观点。在一般情况下，有的人将全部注意力放在倾听别人的谈话上，从性格上来看，这一类型的人容易理解别人的心思，而且具有宽容的精神，有真正的君子风度。

宋代文学家苏东坡，他具有极强语言的天赋，雄辩无碍的他，却十分注重别人的谈话。有时和朋友在一起聚会，他总是能静下心来，听朋友们高谈阔论。在一次聚会中，米芾问苏东坡："别人都说我癫狂，你是怎么看的？"苏东坡诙谐地一笑："我随大流。"众友为之大笑。即使是朋友之间不同的观点，他也以"姑妄言之，且姑妄听之"的态度来对待。

穿衣风格与性格分不开

服装可以说是人的外貌标签，每个人都有自己的着装风格，不同的风格中蕴藏着一个人的性格特征。

一、穿白衬衫的人性格直爽、务实

白色是表示清洁的颜色，能与任何颜色的服装相互搭配组合，白色这种能够随意搭配的优点，会给人一种亲切感和随和感。喜欢穿白衬衫的人，他们在色彩感觉上、装扮上都非常优秀，而且不论穿什么服装，只要配上白衬衫都能相得益彰。因此，他们在选择搭配服装的时候比较自由，这种对服装不受拘束，在性格方面表现为直爽派。

经常穿白衬衫的人，其性格特征是缺乏主动性、判断力、羞耻之心。这类人大多容易自以为是，只要是自己喜欢的事情，他就会一意孤行地追求和实现。这种人脾气比较暴躁，极可能与他人起冲突，随时有动干戈的事情发生，因此在人际交往中，遇到这类穿着的人要有戒备之心，千万不要和他起冲突。

这类人还喜欢推卸责任，总会为自己的失误找出各种借口。在谈话中，他们一般没有什么话题可言，除重要的事情交涉外，别的话题一般不参与言论。平时喜欢穿白衬衫的人，总是以工作为人生的支点，是不折不扣的现实主义者，对工作严肃认真，因为他知道只有工作才能实现自己的人生目标。在现实生活中，总有一些脚步匆匆、马不停蹄的人，为了维持自己的"白领"形象，他们几乎把全部精力都放在工作上。

这类人一般比较冷酷，不容易被外在事物所影响。更不用说被一些事情感动了。比如裁判官、医生、护士、机关的职员等各行各业的职业者，诸如此类穿白衬衫的职业人，你看到他们的第一印象大多是冷酷无情的，这样的人在感情方面和爱情方面通常也比较冷漠。

二、不修边幅的人爱自由

在穿着上不修边幅的人，大都是活力四射、精力旺盛的人。这类人不喜欢久居人下，喜欢领导别人做事，因此这种人不适合为别人打工，他们更喜欢单独到社会中去做生意或自由闯荡。但是，在平时工作中，仍然有许多不修边幅的员工，这样的人在单位比较特立独行，做事情不喜欢循规蹈矩，通常以另类的行为来显示自己的与众不同，他们与自己的上司关系经常会很紧张，因为他们内心抗拒上司对他们工作甚至生活的指指点点。

还有一类人，他们属于上流社会，但平时穿着不修边幅，甚至显得有些孩子气，这种人内心向往自由，不愿遵从既定的游戏规则。

三、穿着马虎的人易动怒

身上穿着名牌西装，脚上蹬着名牌皮鞋，却系着一条非常不入流的领带，这种人就属于穿着马虎的人。他们在穿衣上不得要领，疏于考究，他们的性格特征也是有些与众不同的。

这类人大多富有行动力，对工作抱有热忱之心，这类人一旦下决心从事某项工作，就会坚持到底，有始有终。但是这种人情绪波动比较大。他们虽然富有行动力，但得意之时，他会乘胜追击；失势之时，他又畏缩不前，是一类比较极端的人。

这类人非常容易动怒。和这类人相处的时候，一定要注意掌握分寸，要保持相应的距离，因为稍不留意你便会惹他动怒。假如你不得不和这类人打交道，你就要学会使用头脑和手段，尽量别招惹他生气。对待这类人不宜采取责备的口吻或刺激性语言，以免他会对你造成不必要的妨碍。

四、穿着朴素的人比较现实

很多人由于职业的关系，经常穿朴素的衣服。从表面现象来看，这类人是朴实的，大多比较遵从规章制度。这种类型的人大多能够把握自己的职业生涯，一步一步往上升。即使有些人不喜欢顺应制度，但为现实所迫，他们只能勉强穿朴素的服装。许多公司都有自己的制服，虽然看起来比较正规，但这完全把人的个性压制住了，个人的特性也被遮盖住了。

穿着朴素的人平时做事非常小心，喜欢制定详细的计划，并以诚实不欺者为多。另外，这种类型的人比较冷静，是重视现实的人。

五、喜欢舶来品的人有自卑感

喜欢舶来品的人看似比较有个性和档次，实际上是对自己缺乏自信心，借用舶来品来装饰自己。这种人大多比较孤独、情绪不稳定、有自卑感，而且缺乏安全感，最好不要去揭穿他们的自卑感。

六、喜欢穿粗直条整套西装的人缺乏信心

这种人喜欢追逐流行时尚，但是他们一般缺乏自信心。为了掩饰这种缺乏自信心的不安全感，或者因为情绪上的孤独不安，他们选择穿上粗直条整套西装。

在一般工薪阶层的穿着习惯中，很少有穿蓝色粗直条西装的人。大多数自由职业者，为了掩饰工作不稳定带来的不安全感，会穿这种整套的西装来隐藏内心的动向。

这种人非常怕别人洞悉他的缺点，所以与这种类型的人接触时，绝对不能攻击对方的缺点。如果不经意间得罪对方，会受到对方的攻击，因此须多加注意。对这种人不要多讲话，最好按照对方说话的语气去调整，要不时地夸赞他，避免指出其缺点。实际上，这种类型的人性格偏女性化，他们头脑相对单纯一些，所以，你应当避免去激怒对方。

七、喜欢穿背后或两旁开衩上衣的人有强烈的自我显示欲

生活中，你应该见过这样一类人：他们看起来是西装笔挺的绅士，英国制的西装、带花纹的领带、瑞士制的手表，甚至连打火机也是世界名牌。乍见这类人，你可能会觉得他们是商界大款或来头不小，实际上这类人通常极具伪装性。

这类人信奉金钱至上，喜欢追求眼前利益。他们一般对长期交易没有多少兴趣，反而很注重短期交易，总梦想着自己一夜暴富。和这类人有金钱上的来往时，必须详细了解对方的底细。

这类人喜欢做出许多承诺，显示自己的能力，但实际上大多做不到。所以当他们向你许诺时，最好委婉地推辞过去。

帽子样式显露人物特点

帽子不仅仅具有御寒的功能，也能够作为人们的装饰品，而且还能树立某种个人形象。当出入任何一家娱乐场所或大型酒楼餐馆时，很容易就能看到"衣帽间"的牌子，这就体现了帽子对于一个人的重要性，它有助于人们树立自身想要的形象，可以使个性在任何场合下都完全地得到体现。

总喜欢戴鸭舌帽的人。鸭舌帽，是一般上年纪的人佩戴的，它所表现的个人特点是稳重、踏实。如果男人戴这种帽子，那么他会认为自己是个客观的人，从不虚华地面对问题，能从大局着想，不会因为一些细枝末节而影响整个大局。

有时候这类人自以为是，故意摆弄老练的个人形象，在与别人交往时，就算对方胸无城府，他们还是喜欢与别人绕着弯去说话办事，直到把别人都弄得不知道天南地北了，他的个人意见还是没有表达出来。

他们之所以这么做，是因为他们是会自我保护的人，不愿轻易让别人了解他们的内心。他们不是个攻击型的人，却是很会保护自我的防守型的人，所以他们很少伤害别人，但也不容许别人伤害他们自己。

他们是很会聚财的人，相信艰苦创业才是人生的本色，多劳多得是他们的客观信条，他们从不相信不劳而获或少劳多获，认为他们所拥有的财富来之不易，所以从不乱花一分钱。

喜欢戴圆毡帽的人。总喜欢戴圆毡帽的人，纯粹是一副老百姓的派头，对任何事情都感兴趣，但从不表达自己的看法，即使有看法也是附和别人的观点，好像没有任何个人独到的见解。但他们不是没有主见，只不过是个老好人，哪怕是个最不起眼的人，他们都不愿随便得罪。

他们在骨子里是个忠实肯干的人，对只有付出才有收获的道理坚信不疑。他们对不劳而获的人恨之入骨，相信君子爱财取之有道，对不义之财一贯的态度是视而不见，从来不让不义之财玷污自己的手指。他们对于做每一件事情都会全力以赴，投入巨大的精力和热情，对于报酬，他们只拿属于自己的那一份。他们是以自己的美德赢得尊重的。

在选择朋友方面，他们表面随和，其实颇为挑剔，认同"道不同不相为谋"的观点，因此除非对方和他们有类似的看法和观点，否则他是不会考虑和对方深交的。

喜欢戴旅游帽的人。旅游帽，其实就是一种装饰品，因为这种帽子既不能御寒也不能遮挡阳光，用这种帽子来装扮自己以投射某种气质或形象；或者戴上它另有企图，用来掩饰一些其认为不理想或者有缺陷的东西。

从其所表现出来的这些特点看，那些爱戴旅游帽的人，一般是内心虚伪、不踏实的人，他们善于投机取巧，因此，能真正了解这类人的人寥寥无几，大多只是了解他们的皮毛罢了。

在事业上，这种人也用他那套投机之术去钻营各种空子，有时也会收到不错的效果，当他们黔驴技穷时，也就会被他们的上司和同事看穿。

喜欢戴礼帽的人。戴礼帽的人，大多是觉得自己稳重而具有绅士风度。这种人急切渴望给人一种沉稳而成熟的感觉，在别人面前，其行为举止也会经常表现出很具传统思想。这类人除自己喜欢的礼帽外，连自己的皮鞋不管任何时候也是擦得锃亮，就连所穿的袜子也一定会给人一种厚实的感觉，尽管是在炎热的夏季，一样会拒绝穿丝袜。由于他们看不惯很多东西，所以他们多少有点自命不凡的特性，认为自己是个干大事的人，进入任何一个行业都应该是指手画脚的高人。

可惜这种人过分保守并且缺乏冒险精神，成就并不大，所干的事业也不像想象得那么顺心。

在友情上，这种人的朋友会觉得他们保守、呆板，不容易掏真心话，即使他在见面时斯文有礼，也不能加深他们之间的友谊，他们和任何一个朋友之间的友谊都不能保持应有的深度。他们有时也会想到这些，并试图努力去改变，但他们天生的性格使他们难以表达自己的心思，有时反而适得其反。

总喜欢戴着彩色帽的人。总喜欢戴着彩色帽的人，在不同的场合，针对不同颜色的服装，佩戴着不同色彩的帽子，他们似乎是天生的服装专家，这类人一般是赶得上潮流的时髦人物。

这类人对色彩鲜艳的东西非常敏感，对时下流行的东西嗅觉灵敏。每当出现新鲜玩意儿，他们总是最先尝试，希望人家说他们的生活过得丰富多彩，懂得享受快乐人生。这种人总是以弄潮儿的身份，旁若无人地走在时代的最前沿。

同时，这种类型的人也是喜欢热闹、害怕寂寞的。因为他们朝气蓬勃、精力旺盛，那颗不甘寂寞的心总是使他们躁动不安，他们会经常呼朋引伴，一起到歌舞升平之地去挥洒自己的好心情。当曲终人散后，这类人会自然地产生寂寞的心绪，当最后一支舞跳完后，他们会有情不自禁地失落感。

对于工作，他们的热情和消极是成反比例的，有时会为他们带来一定的好运，当他们热情起来时，就像有使不完的劲儿，一旦感到无聊时，空虚感便马上填满他们的心头。

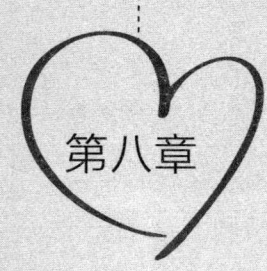

第八章

掌控话语权
——把你的见解观念，提升到备受重视的程度

一个人社交能力的高低，主要取决于他说话艺术的高低。有人说，是人才未必有口才，而有口才者必定是人才。当今，语言表达能力已成为现代人必备的重要能力。口才的作用已渗透到当代生活的各个领域。练就一副好的口才，必将会使你在社会交往中如虎添翼，游刃有余。

语言表达能力决定个人魅力

谈吐中的人格魅力，是指在语言交流中一个人的性格、气质、能力等个性化的表现。人格魅力在语言中的表现形式是多种多样的，或达观开朗，或宽容忍让，或微言大义，或义正词严，或一言九鼎，或仪态万方。良好的谈吐能够充分展示出这些人格魅力，同时令听者折服。

在欧美国家，政治家的个人魅力和其政治前途紧密相连。在选举中，作为候选人，他们不仅要在公开场合把话说得让人信服，而且要在唇枪舌剑中向选民展示自己的个人魅力以及政治才华。美国田纳西大学金融学院教授詹姆斯·史密斯和副教授拉里·法罗通过研究发现，政治家演讲时的表现能够影响其所在州的经济状况——如果州长演讲的内容消极悲观，他所在的州吸引投资能力就会减少2%。美国最伟大的剧作家之一阿瑟·米勒，在其作品《政治和表演艺术》一书也曾写道："形象和表演对于政治非常重要。戴上面具，换上另外一种角色，政治家准备好了用自己的魅力赢得选举。"

美国的总统有不少人都是口才非凡的。林肯虽然相貌不佳，口才却在一定程度上帮他弥补了这种缺憾。他的葛底斯堡演说名垂青史，成为演说家的范本；肯尼迪出言有章，雄辩滔滔，风度翩翩；好口才使克林顿成为仅次于西奥多·罗斯福和约翰·肯尼迪之后的最年轻的美国总统，以及富兰克林·罗斯福之后连任成功的唯一的一位民主党总统，也是受民众肯定最多的总统之一；奥巴马的口才有目共睹，他被认为是富有超强感染力的演说家。

在英国政治家中，语言表达能力最好的当数丘吉尔，他铿锵有力的话语征服了英国民众的心，鼓舞他们与纳粹斗争到底。他说："我们要保护我们的岛屿，无论代价几何。我们在海滩战斗，在机场战斗，在田地和街巷战斗，在高山上战斗；我们永不投降。"

口才能够弥补人在其他方面的缺陷，能够让别人对你产生信服感，跟着你的节奏走，口才是一个人魅力和力量的主要体现，是我们每个人赖以生存的基本手段。假如你是一个出言不逊，脏话连篇，爱跟别人争辩的人，那么，你将不可能获得别人的同情、合作和助力。

一句话，好口才已经成为现代人才必备的生存素质之一。当然，要想真正拥有好口才也并非易事，尽管我们天天都在说话。生活中，我们进行社会活动，倘若说话的分寸、时机、言辞等掌控得稍有不当，就会引发不必要的麻烦，不仅使自己陷入尴尬，也给别人造成困扰。而要摆脱这种困扰，唯一的途径就是进行有效的口才学习和语言训练，打造你的话语权。

戴维·卡梅伦之所以能够成为政治明星，其良好的口才帮了他很大的忙。2005 年，卡梅伦竞选英国保守党领袖，虽然在当时看来，他并不是最有力的竞争者，但他在台上从容不迫的脱稿演说，和富有思想的个人魅力，为他赢得了保守党成员的支持。卡梅伦的演讲赢得长达 3 分钟的掌声，最终令他从普通保守党议员成为保守党领袖，一跃成为英国最炙手可热的政治新星。5年以后，他成了英国首相。

事实上，卡梅伦的好口才也不是天生的，他刚刚步入政界的时候，发展得并不顺利，原因之一就是口才不好，他的演讲总是显得呆板，缺少生气和感染力。卡梅伦心知肚明，想要在政治上更进一步，就必须提升自己的语言表达能力。他的方法之一就是在英国议会传统项目"首相的问题"（英国首相每周要去下议院回答议员问题）中向首相发问。布莱尔曾在这一环节做得很好，当卡梅伦任首相时，他被认为比布莱尔做得还好，这也许得益于他此前的经验。

另外，据媒体报道，卡梅伦的妻子也为打造卡梅伦演讲风格出力不少，她给丈夫设计一套演讲策略，这套策略为他征服民众提供了很大帮助。

事实上，不仅那些政治家、企业家、明星等公众人物需要提升语言表达能力，我们也一样需要着力打造自己的话语权。21世纪是每个人的世纪，世界从未如此慷慨地将信息共享，把人与人拉得如此的近，快速地创造着一个又一个令人目不暇接的传奇与成功，或是一场选秀，或是一段网上视频，或是一个博客，或是几张照片，或是一场精彩的演讲……因此，可以毫不夸张地说，只要你愿意，你几乎可以从零起步，快速地成就自我。

要想成就自我，你首先需要锻炼的就是超强的语言能力，这样才能让自己在最短的时间里有效地影响更多的听众。不管你是经营企业还是经营自我，要想在21世纪赢得现在，成就未来，就必须从现在起，用心地打造自己的话语权，不断地磨炼你的口才，这样，成功就离你不会太远。

有条不紊才能给人信赖感

条理清晰、有条不紊地谈话，可给人以稳重之感。比如说，优秀的推销员几乎都不是快嘴快舌之人。这倒不是因为他们反应迟钝，不善辞令，而正好相反，他们机敏过人，能说善道。但他们清楚地了解，推销并不是仅仅靠能言善辩就可以胜任的。如果说你一味地吹嘘该产品怎么怎么好，顾客只会对这种大肆鼓吹报之以疑惑或戒备；反之，当你慢条斯理、一板一眼地陈述商品的性能并动手示范操作，顾客就会因其所表现出的诚实而对他报以信任。

口才的运用也是如此，尤其是在语言沟通中，假如只顾快嘴快舌，就无法产生好的效果。有人认为，口齿伶俐，可以在短时间传播大量的信息，但却没有想到信息的价值是由讲话者能否给对方以信赖感所决定的。假如你只为了抢速度，只能让对方感到你的轻浮，进而对你所提供的信息产生一定的怀疑。由此，即使你提供的信息再多、再全，也很难有人接受，也就没有什么意义了。

因此，在与人交谈时，应注意纠正语调生硬、语速太快等习惯，做到委婉平缓，简洁明了，条理清晰，动人心弦。这是好口才的基本要求。

要做到说话有条不紊，不妨试试以下几个方法：

一、要有充分的准备

如果你在讲话时对所要讲的内容没有认真考虑过，你肯定会感到无话可说，即使说起来也不会流畅自如。因此，必须在讲话之前有充分的准备，或者写成提纲，或者默诵、试讲。你对讲话的内容愈熟悉，你就愈能讲得好，也不会信口开河，无的放矢。

二、勇于勤讲多练

善于言辞的才能并不是说每个人都是天生就具有的，有的人是天生就具有的，但更多人是在环境的影响下，通过个人的实际训练而逐步发展而成的。

所以，我们应当克服害羞胆怯的心理，在生人面前或人多的场合，要争取发言的机会，勇敢地发表自己的意见。

或许刚开始时有可能会失败，甚至还会遭到他人的嘲笑，但你不要听他们的，不要往心里去，要认真分析自己讲话失败的原因，争取勤讲多练，逐步地去改进，这样才能不断提高自己说话的水平。

说话的时候有条不紊，来源于思路的清晰明确和心理素质的不急不躁。

把话说得漂亮，赢得好感

说话要争取获得别人的好感，这一点非常重要，当然这并不是要一味地去阿谀奉承别人，而是根据对方的情况，有的放矢地去说，以达到说话交际的积极目的。

王媛媛是一位专门推销婴幼儿辅食的推销员，她此次的任务是要拿下本市最大的商场的订单。于是，她找到了商场负责人卢方经理。

两人见面后，王媛媛说："卢经理，我其实经常来你们商场，作为本市最大的专业食品商店，贵商场高雅的店堂布局，琳琅满目的国内外品牌食品，井然有序的工作流程，亲切、到位的服务态度，都让顾客能够获得非常好的身心体验。看得出来，您为此花费了不少心血，可敬可佩！"

听了王媛媛这一番评价，卢经理不由得连声说："谢谢！谢谢！我们做得还不够，请多多指教，请多多指教！"嘴上这样说，心里却是美滋滋的。当然，王媛媛这次的任务也完成得非常出色。

"傻瓜用嘴说话，聪明人用脑说话，智慧人用心说话"。如果说话时不经过大脑，那就是个地道的"傻瓜"；说话前经过一番思考，那是聪明人；既经过大脑思考，且又发自内心，这是说话的最高层次。

然而现实生活中，很多人说话过于随意，不管别人的感受如何，只顾自己说得痛快，这是不会说话的一种典型表现形式。要想让自己成为一个受欢迎的人，必须学会用"心"去说话，而不是单纯地用嘴说话，这样才能博得对方的好感。以下是几条说话的技巧：

一、多提一些善意的建议

当他人关心自己时，只要这份关心不会伤到自己，一般人往往不会拒绝。尤其是能满足自尊心的关怀，往往立即转化为对关怀者的好感。

满足他人自尊心最佳的方法就是善意的建议。对方是女性时，仅说"你的发型很美"，只不过是句单纯的赞美语；若是说"稍微剪短点，看起来会更可爱"，对方定能感受到你对她的关心。若是能不断地表示出此种关心，对方对你必然感觉更加亲切和信任。

二、偶尔暴露自己一两个小缺点

暴露的缺点只要一两个就可以了，可使他人难以将这一两个缺点和其他部分联想在一起，因而产生其他部分毫无缺点的感觉。"这个人有点小缺点，但是其他方面挑不出毛病来，是个相当不错的人！"类似上述的想法就能深深植入他人的心中。

三、要记住对方所说的话

某位心理学家应邀至某地演讲时，不料主办者之一却问他："请问先生的专长是什么？"他颇为不高兴地回答："你请我来演讲，还问我的专长是什么？"

招待他人或是主动邀约他人见面，事先多少都应该先收集对方的资料，此乃一种礼貌。换句话说，表现自己相当关注对方，必然能赢得对方的好感。

记住对方说过的话，事后再提出来做话题，也是表示关注的做法之一。尤其是兴趣、嗜好、梦想等事，对对方来说，是最重要、最有趣的事情，一旦提出来作为话题，对方一定会觉得很愉快。在面试时，可以恰当引用主考官说过的话，定能使主考官对你另眼相看。

四、及时发觉对方的微小变化

一般做丈夫的都不擅长对妻子表达自己的关心。比方说，妻子上美容院改变发型后，明明觉得"看起来年轻多了"，却不说出口。因而使妻子心里不满，觉得丈夫不关心自己。

不论是谁，都渴求拥有他人的关心，而对于关心自己的人，一般都具有好感。因而，若想获得对方的好感，首先必须先积极地表示出自己的关心。只要发现对方的服装或使用物品有些微小的改变，不要吝惜你的言辞，立即告诉对方。例如：同事今天打了条新领带时，你可以说："新领带吧！在哪儿买的？"像这样表示自己的关心，没有人会因此觉得不高兴。

另外，指出对方与往日不同的变化时，愈是细微、愈不易发现的变化，愈易使对方高兴。不仅使对方感受到你的细心也感受到你的关怀，转瞬间，你们之间的关系就会远比以前更加亲密可信。

五、呼叫对方名字

欧美人在说话时，常说"来杯咖啡好吗，史密斯先生""关于这一点，你的想法如何，史密斯先生"，频频将对方的名字挂在嘴边。令人不可思议的是，此种作风往往使对方涌起一股亲密感，宛如彼此早已相交多年。其中一个原因就是，他感受到对方已经认可自己了。

在我们的社会里，晚辈直接呼叫长辈的名字，是种不礼貌的行为。但是，借着频频呼叫对方的名字，来增进彼此的亲密感，并不是百无一利的方法啊！

六、提供对方关心的"情报"

有个人有个奇怪的习惯，总是在他人名片的背面写上密密麻麻的几句话。与其说他是为了整理人际资料或是备忘录，倒不如说是为了下一次见面做准备。也就是说，将对方感兴趣的事物记录下来，再度见面时，自己就可提供对方关心的情报作为礼物。

即使只是见过一次面的人,若能记住对方的兴趣,比方说是钓鱼,在第二次、第三次见面时,不断地提供这方面的知识或是趣事,借此表示自己对于对方的兴趣很关心,必然使对方产生很大的好感。

有情有理的语言更有说服力

"动之以情,晓之以理,衡之以利",这是与人沟通中的最根本原则。以理服人就是摆事实,讲道理,让对方从你讲的道理中领悟到其正确性,从而接受你的意见,按照你的意见行事。需要注意的是劝导说理要对准要害,出言有据,事实确凿,对方的观点就会不攻自破。

晓之以理,还要结合动之以情,通情才能达理。在对一个人讲大道理时,教育对象并非对道理本身不接受,而是与讲道理的人感情上合不来。这时讲道理的人要善于联络感情,要注意反省自己有无令对方反感的地方,及时克服和纠正。尤其当对方抵触反感情绪较大时,首先要以诚相待,要在理解、尊重、关心的原则基础上,再讲道理。这样往往能以情动人,在催人泪下的同时,不露痕迹地对教育对象施加思想影响,使人不知不觉地接受其教义。这就是情感的力量。对于初次见面的陌生人,以事比事,将心比心,运用其自身或熟人的经验教训,再加上感情色彩浓厚的语言,去进行绘声绘色地诉说,易令人感到亲切可信,引发情感上的共鸣，从而为接受道理扫清了障碍，铺平了道路。

很多人之所以能在各种场合中做得游刃有余就是因为他们能很好地运用这一点。

小风之所以能和很多的朋友相处得很好，就是因为她在与朋友见面时总是会说对方一些别人察觉不到的亮点，朋友听了自然心里会舒服很多。

有一天，她去参加一位朋友的婚礼，期间她听说，这个朋友的妻子是一个非常喜爱首饰的人，于是，当她到礼堂后，听到所有的人都在夸赞新娘长得漂亮时，她便说："哦，您佩戴的这个坠子，真是少见，太特别了，您真有品位。"结果她的话刚刚说出口，朋友的妻子立刻微笑着说："谢谢，这个坠子只有在巴黎才能买到呢，我非常喜欢它。"就这样，两个人彼此之间成了好朋友。

人情话并不都是虚虚飘飘地闲扯，有的人情话也并不是两嘴唇一张一合就能说出来的，而是需要抓住对方的心理，尤其是在人多的场合，大家众口一词地赞美某个人的同一事件时，很多情况下会使他（她）陷入不自在的境地，但如果此时你能抓住对方的心理，那么，你说的话才会给对方留下很好的印象，也才会让对方欣然接受。

当然，在生活中，与他人交谈的时候，想要抓住人心，你要识人而定。如果，这个人是初次见面，你要尽量避免说一些对方人品或性格的事情，而是要称赞他人的具体事物，就像上文中的小风一样，见面先夸赞新娘的首饰，这样不仅不会让人产生戒备之心，还会让人对你产生一种亲近之感。然而，如果和熟识的人交谈，你就可以大胆地赞美他过去的成就或行为。因为这时彼此之间都已经很了解，赞美这些既成的事实，更容易抓住对方的心理，让人接受。

由此看来，要想成功说服陌生人按照自己的意愿办事，最大的障碍就是对方的"心理防线"。因此，设法动摇对方的心理防线，是说服对方的关键所在。那么，如何动摇陌生人的心理防线呢？除了要晓之以理，具有充实的内容之外，更要动之以情，掌握一定的方法和技巧。

一、在尊重对方的基础上进行攻心

人都是有自尊心的，任何人都希望得到别人的尊重，即使是学生、孩子也希望得到老师、家长的尊重。而一个人在受到别人尊敬时，心情会特别的轻松愉快，在这种情况下攻破对方，往往会取得事半功倍的效果。

二、强调与对方在某些方面的相似之处

找出与对方彼此一致的共同点，不仅可以促成彼此喜欢，还可以互相产生信任感。在一些著名的演说家的演说词中，常常出现这类词句："我们所想的""我们这种表现"等。他们常以"我们"替代"我"这个词，这样在听众中就会达成一种共识：这是我们大家的，从而产生了一种共鸣。演说家的高明之处在于把自己融于听众之中，让听众接纳他，从而令听众成为被说服者。在我们的日常生活中，要想劝说成功，不妨也使用演说家这种惯用的说服技巧，挖掘自己与对方的相似之处，譬如文化背景方面、年龄方面、社会经历方面、工作专业方面、思想感情方面、兴趣爱好方面等。

三、以对方的立场为出发点

考虑对方的立场，发掘对方的欲求与情感是说服的基本方法之一。想要说服别人，不妨设身处地地以对方的立场为出发点，找到对方的利

害之所在，使被说服者意识到自己的观点、做法将会带来什么样的后果。这样，就能紧紧抓住对方的心，从而达到说服对方的目的。

用"软语"打动人心

恻隐之心，人皆有之。在生活中，有些人吃软不吃硬。面对这类人，要用"软语"去打动他，因为你的"软语"很有可能触及他内心最柔软的地方，从而收获意想不到的效果。

17岁的孤女好不容易在高级珠宝店找到一份销售工作，试用期还未过。新年快到了，店里的工作特别忙，姑娘干得很带劲，因为她听经理对别人说，有意让自己留下。

这天她来到店中，正将柜台内的戒指拿出整理。不经意间，姑娘瞥见柜台那边走来一位30岁左右的顾客，看上去他几乎像是这不幸时代贫民的缩影：一脸的愤怒，褴褛的衣衫诉说着主人的遭遇，他用一种不可企及的、贪婪的眼神盯着那些价值不菲的首饰。

"丁零零！"电话铃声响起，姑娘急着去接电话，一不小心，却将碟子碰翻，6枚精美绝伦的钻石戒指散落在地。她慌忙四处寻找，不过只捡起了其中的5枚，可第6枚戒指呢？姑娘怎么也找不到，急得出了一身冷汗。这时，她看到那位30岁左右的男子正向门口走去，顿时，她恍然大悟……当男子的手将要触及门柄时，姑娘柔声叫道：

"对不起，先生！"

那位男子转过身来，两人四目相对。

"什么事？"他问，脸上的肌肉在抽搐。

"什么事？"他再次问道。

"先生，这是我第一次工作，现在找个好工作很难，是不是？"姑娘神色黯然地说。

男子久久凝视着她，终于，一缕柔和的微笑浮现出来："是的，的确如此。"他回答。

"但是我能肯定，你会在这里干得不错。"

停了一下，他向前一步，把手伸给她："我可以为你祝福吗？"

姑娘立刻伸出手，两只手紧紧握在一起，她用低低的、但十分柔和的声音说："也祝你好运！"

他转过身，慢慢走向门口，姑娘目送着他的身影消失在门外，转身走向柜台，把手中握着的第6枚戒指放回了原处。

这本是一起盗窃案。一般情况下，人们会采用"抓现行"的方法追回赃物。但姑娘没有，她用可怜的口吻乞求着盗窃者，使其良心发现，从而避免了一场纷争。不难想象，如果姑娘声张起来，盗窃者必然不会承认。其结果，不但姑娘要赔偿损失，而且她那份来之不易的工作也许会因此而丢掉。

人们总是习惯同情弱者，所以，有些时候，适当地向对方"示弱"，说"软话"，说不定更能打动对方的心灵。

我们在处理复杂的人际关系时，有时难免会遇到一些性格倔强或易冲动的人，这时，不妨试试以退为进的说话策略。表面上看，说"软话"好像是退缩，实际上说"软话"是另一种形式的进攻，就像拉弓射箭时先要把弓弦往后拉，目的是把箭向前射出去。

　　某山村支部书记带领群众修路时，放炮炸石砸断了一家农户的梨树，这棵梨树是农户的财源，主人揪住支书非要他赔。

　　支书说，秋后一定赔偿，但主人不肯，主人的兄弟一拥而上，把支书好一顿打。村里的党员和群众都火了，要求狠狠整治打人者。第二天开村民会，闹事的人也觉得理屈，准备挨整。

　　不料，支书竟先做检讨："老少爷们，我还年轻，得靠大家帮扶。哪个活我安排错了，哪句话我说得不对，大家担待，我做检讨。"而对被打的事竟只字没提。

　　后来，闹事的人找到支书，当面认了错："你是为全村，我是为自家，我错了！今后你咋说，我咋干，听你的。"

支书是很通情达理的。为了帮乡亲们开辟新路，他忍下了个人委屈。但是，他的忍让和退缩，不是懦弱，而是一种坚强。由此可见，懂得服软、说软话同时也是一种有效的以退为进的方法。

在人际交往中，适时地说"软话"是为了赢得对方的同情、理解、宽容、原谅，以达到解释、说服、引导、相互沟通、转化矛盾达成一致的目的。"软话"貌似"柔软"，实际上不软。在人生道路上，任何人都不可能一帆风顺，难免会遇到挫折，这时，就要能屈能伸，用"软语"去打动人心。

给人忠告要讲究方式方法

忠告，对于帮助他人和建立真诚的人际关系，起着难以替代的重要作用。可以这样讲，不能给予他人忠告的人不是真诚的人，真诚为他人着想就会将自己的真实感受告诉对方。因此，我们应该欢迎别人的忠告，更应该给人以忠告。事实上，一般人都讨厌忠告，忠告听起来总是不那么顺耳。究其原因，就是因为说者言语表达不当的结果。

人是一种感情动物。一般人很容易受感情支配，即使内心有理性的认识，但仍然容易受反感情绪的影响而难以听进忠言。

比如说，一个中学生在外面游荡一天之后心生悔意，暗暗下决心回家学习。没想到他一走进家门，母亲就急不可耐地对儿子说："你又到哪里野去了？还不快去复习功课，看你将来还考不考得上大学！"儿子生气地顶撞母亲说："哼，上大学，上大学，我就不信不上大学就混不出人样！"在逆反心理的驱使之下，儿子怒气冲冲地跨出了家门。就这样，母亲的一番苦心白费了。

看来，仅有为别人着想的良好愿望还不行，忠告也需要技巧，否则就会收到相反的效果。在给予他人忠告的时候，如果能够注意忠告的三个要素，你的忠告就会被人接受，忠言听起来也就不会逆耳了。

一、给人忠告要谨慎行事

说到底，忠告是为了对方，为对方着想是忠告的根本出发点。因此，要让对方明白你的一番好意，就必须谨慎行事，不可疏忽大意、随便草率。此外，给人忠告时，态度一定要谦和诚恳，用语不能激烈，也不必过于委婉，否则对方就会产生反感情绪。因为，用语激烈，对方就会认为你趁机教训他；言语过分委婉，对方就会认为你惺惺作态。

二、给人忠告要选择适当的时机和场合

比如说，当你的下属尽了最大努力而最终没有将事情办好的时候，此时最好不要向他们提出忠告。如果你这时不合时宜地说"如果不那样就不致这么糟了"之类的话，即使你指出了问题的要害而且句句在理，但下属心里却会产生"你没看见我已经拼命努力过了吗？"的反感，这时，忠告的效果当然不会好。相反，如果此时你能说几句"辛苦你了""你已做了最大的努力""这事的确比较难办"之类的安慰话，然后再与下属一起分析失败的原因，最终下属就会欣然接受你的忠告。

除此之外，在什么场合提出忠告也很关键。原则上讲，提出忠告时，最好采取"一对一"的方式，千万不要当着他人的面向对方提出忠告。因为这样做，对方就会受自尊心的驱使而产生抵触情绪。

三、不要用比较的方式提出忠告

忠告的第三个要素，就是不要用以事比事、人与人相比较的方式提出忠告。因为此时的比较，往往是拿别人的长比对方的短，这样很容易伤害对方的自尊心。

比如说，一位母亲这么忠告自己的儿子："我说小明啊，你看隔壁家的小光多有礼貌，多乖啊！你和人家同年生，你还比他大两个月哩，你要好好向他学习，做个好孩子！"儿子听了母亲的话，低着头一言不发，但他内心的真实想法却是："哼，整天说小光这也好那也好，干脆让他做你的亲生儿子好了！"这样一来，儿子的自尊心受到了伤害，母亲的忠告也没有起到好的作用。

再比如，丈夫对不修边幅的妻子提出了忠告："我说，你看隔壁王太太哪天不是打扮得整整齐齐的，而你总是不修边幅，你就不能学学人家吗？"妻子很生气地反驳道："学学人家？你有人家丈夫赚得多吗？你要是有钱，难道我还不会打扮？"虽然妻子很清楚自己的缺点，但是出于自尊心，她没好气地回敬丈夫，丈夫的忠告也就此失败了。

综上所述，在我们向别人提出忠告的时候，一定要讲究方式方法，尤其是要注意语言表达方式，使忠言听起来不逆耳，这样才能不伤害他人的自尊心，让对方欣然接受，最终达到忠告的目的。

汇报工作也需要一定技巧

作为下属，我们向领导汇报工作既是职责，也是考验。在每一项领导所交办的工作完成后，向领导进行必要的工作小结，更是必不可少的工作程序。但在领导面前，不同的人汇报的效果不同。

下属要向领导汇报工作，无论是采取书面的形式，还是当面口头汇报的形式，都需要掌握以下四个方面的技巧：

一、怎样理清思路

所谓理清思路，是指我们在向领导汇报工作之前，应冷静地对工作过程进行梳理。至于先说什么，后说什么；哪些问题简略地叙述，哪些问题必须详细地说明，都必须理出一个比较清晰的思路来。如果对待一个问题，你自己都不能拿出一个比较完整、比较清晰的思路，那么你更是无法或难以说服别人的。

汇报工作也是这样，如果不事先理清自己的思路，同样难以有条理地、层次分明地、有说服力地把自己做过的工作向领导汇报清楚。

在向领导汇报工作之前，特别是在向领导汇报重大问题之前，可以先在脑海中把要汇报的内容以提纲的形式，列出一个分条目的小标题，记在心中，在汇报时逐条道来。当然，你也可以把这些提纲写在小本子上，作为向领导汇报工作时的备忘录。

实践证明，拟写提纲是理清思路的最佳方法，大家不妨一试。

二、如何突出重点

任何一项工作都有自己的重点，即在任何工作程序中各个环节的轻重缓急是不同的。

把握重点，常常意味着抓住了问题的要害。而这些要害问题又往往关系着企业和领导事业的大局或重大利益。所以，领导听你的汇报，或看你的汇报材料，他关心的根本问题，就是你对重点问题的处理结果如何。

在具体操作时，我们应掌握"事不过三"的原则。即在一般情况下员工或下属向领导汇报工作时，每次交谈的重点事项、关键问题，只谈一个或一件，最多不要超过三个或三件。

事实上我们常常可以见到这类领导人，他们在总结工作或做指示时，一般情况下总是讲"三条内容"或提"三点建议"，"希望大家从三方面去做好工作"。那些往往把问题、意见或指示归纳为三，而加以罗列的领导人，大多都比较干练，且办事效率相当高。尽管这不是绝对的现象，但却是一个有趣的现象。

因此，我们在向领导汇报工作或交谈问题时，应注意每次只强调一个问题，只突出一个重点，最多不超过三个问题或三件事情。这样，不仅有利于领导理清思路，迅速决断，同时，还会使领导对你的能力和工作效率产生好感。

所以，从一定意义上讲，善于掌握重点，突出重点，并把重点问题向领导描述清楚，不仅是一个方法和技巧问题，而且也是我们的素养和能力问题。

三、怎样删繁就简

无论是做口头汇报，还是做书面汇报，我们都必须注意删繁就简的问题。因为它不仅是技巧，而且是原则。

所谓删繁就简，就是要把一切不必要的话语从汇报中予以删除。否则，就会出现两种不利的影响。一是让人感到你思维混乱，思路不清，不知所云；二是让人感到你文风不正，似有哗众取宠之嫌。更何况还有"话多必失"的时候呢？

删繁就简，与其说是一种技巧，不如说是一种原则。

在具体操作上，我们可以这样进行：假如你要以书面的形式向领导汇报工作，那么，你就应该把文章尽量写得简练一些，按照鲁迅的说法："写完后至少看两遍，竭力将可有可无的字、句、段删去，毫不可惜。宁可将可用小说的材料缩成速写，决不将速写材料拉成小说。"

假如你是以口头语言形式，向领导汇报工作，则必须注意掌握领导问什么答什么的原则和策略，不做无谓的拓展和借题发挥。比如，领导只问到事情的结果，你就只叙述结果，而不要涉及事情的过程。因为，领导可能对事情的过程不感兴趣。事实证明，对别人不感兴趣的问题，滥加描述，只会招致反感。

四、恭请领导评点

当你向领导汇报完工作之后，不可以马上一走了之。聪明人的做法是：主动恭请领导对自己的工作总结予以评点。

对于领导诚恳的评点，即便是逆耳之言，我们也应以认真的精神、负责的态度去细心反思。因为，领导之所以能够站到领导的位置上，肯定在很多方面或某些方面强于你。

领导的诚恳点评，无疑是他把自己的经验智慧，无偿地赠送给了你，你何不乐而接受呢？

同时，也只有那些能够虚心接受领导评点的下属，才能够再一次被领导委以重任。

对职场人士来说，掌握了汇报工作的技巧，不仅有利于自身素质的提高，而且还会进一步改善在领导心目中的形象。

讲人情话是一门职业学问

谁都希望有一个和谐的工作氛围，一天八小时，一周五个工作日，一个人很大一部分时间、精力是在工作环境里度过的，如果同事之间矛盾不断，整天别别扭扭，每天一踏上上班的路就想起与某某的不愉快，那么工作就成了一种负担和刑罚。要想避免这种状况的发生，工作过程中掌握说人情话的技巧，善于以人情话润滑同事之间的关系是个简便易行又行之有效的选择。

一般人在初次上班与同事拉关系时，试图通过一些日常的人情话引起对方兴趣，但总是选择一些无关紧要的话题。例如最典型的话："今天天气不错啊！""是啊，气温也不高，挺舒服的。"

这种公式化的对话根本算不上人情话，不能给新接触的同事留下深刻的印象，同样的，对方会觉得你没有什么特别之处，这样的交谈无异于浪费时间、浪费精力。

也许有人会认为，第一次与新同事见面时讲话太冒昧是不懂得社交礼节，所以有所顾忌。其实大可不必考虑这么多。例如你可以很自然地这么说："最近我和父亲相处不太好，可在昨天我们居然高高兴兴地谈了一个下午，误会完全解开了……"或者说："这几天太热了，我干脆剃成光头，朋友们都认不出我了……"以自己的近况为题材是一种很好的开场白。

选择说话的内容，要考虑工作场合及时间。只有针对性地说话，才能加深彼此的印象。

初次见面若想给新同事留下深刻的印象，首先必须先消除彼此间的距离。某单位有一次邀请某位先生上台演讲，他用自嘲的语言一开始就消除了与听众间的心理距离。他说："今天我第一次与各位见面，特意穿了一双漂亮的新皮鞋，但因为挤公共汽车赶路的缘故，新皮鞋张了嘴，脚也起了泡……"

只有尽快地消除初次见面的陌生感，才能给新同事留下永不磨灭的印象。由于我们一半时间都在工作场合度过，因此说话在有时候会流于形式。如何引起新同事的注意，就在于如何选择话题。聪明的你，何不运用创意制造奇迹呢？

在公司里，同事之间免不了互相帮帮忙，你对这种事情应当采取什么态度呢？平常我们总说"助人为乐"，但是，在办公室战场上，怎样助人，才能真正成为乐趣，才能被对方所接受呢？

只要是人，都会有善、恶之分，但是在办公室里交朋友却不可以如此认为，最好是一视同仁地与他们打交道。

同事之间要能同甘共苦。"今天如果不加班的话，工作是怎样也赶不完的！"假如有一位同事一边看表，一边叹气地说这些话时，你也许会说："唉！真是够辛苦的啦！要不要我来帮你忙啊！"若能对他这么说的话，那位同事的内心该会多么的感激啊！今天我帮你忙，明天也许变成你帮我忙了，这种情形在工作上也是经常发生的。

此外，不要在同事背后飞短流长。喜欢说别人是非的人，也许正表明他本人多少还有点不成熟，这样子的谈话虽然可以发泄心中的苦闷，而且大家也都知道说别人坏话是很不好的行为，可是还是免不了要说一说别人的是非。然而经常说别人是非给对方听的人，有一天连对方都会成了他批评的对象，因此慢慢地大家都会对他敬而远之。

同事们在一起相处的时间久了，就会不可避免地产生矛盾，进而引发争执。争执并不可怕，可怕的是不知道如何处理争执。处理得好，能使一切矛盾消解，甚至能让双方因此得以进一步的沟通。而若处理不好，便会引发更多的问题。既然处理争执的问题如此重要，那么该如何着手呢？

一、同事哭泣的时候

表示你的关切及有意协助的意愿，但不要阻止他哭泣，因为哭泣可能是缓解情绪的好方法。给他一些时间来恢复平静，不要急着化解或施与压力。

最后再问他哭泣的原因，如果他拒绝回答，也不必强求；若他说出不满或委屈，只要倾听、表示同情即可，千万不要贸然下断语或凭自己喜恶提供解决的方法。

二、同事愤怒的时候

当同事愤怒的时候，你千万不能以同样的情绪对待，那会使争执进一步激化。对自己的意见除了要坚持外，还可以向对方表示你希望双方能冷静地分析问题并解决问题。

待对方冷静下来之后，你就可以询问他生气的原因所在，询问时一定要照顾到对方的情绪，不要说些与此无关的废话。总之，一切都要建立在谅解和宽容的基础上。

三、同事冷漠的时候

不要有任何臆测，你可以不经意似的问他"怎么了？"如果他不理会，不妨以友善态度表示你想协助他。

如果他因感情或疾病等私人问题影响到工作效果，建议他找人聊聊天或休假。

四、同事不合作的时候

切勿一味地指责对方或表示不满，最好找个时间两人好好谈谈。因为这个时候更需要的是体贴的人情话，若对方因工作繁多、无法配合，则可再安排时间或找他人帮忙；但若是纯粹的不合作，则更需多花时间沟通，寻求问题的症结及解决办法。谨记：要充分利用人情话这一润滑剂，说不定还能因充分的沟通而化敌为友呢！

第九章

杜绝无效社交

——陪你到最后的，才是生命中最爱你的人

网上曾流传一张很火的图——"你是砍柴的，他是放羊的，你和他聊一整天，他的羊吃饱了，你的柴呢？"此图想表达的观点很简单——杜绝无效社交。无效社交是指那种无法在精神、感情、工作、生活上给你带来任何愉悦感和进步的社交活动。

一味取悦，自己就没了存在感

人的本性趋向于寻求他人的赞美和肯定，尤其对于有威望或有控制力的对象（如父母、老师、上司、名人名流等），他们的赞美肯定更加重要。取悦者会沉迷于取悦行为所换得的肯定，这很好解释，如果某件事让人有了愉悦的体会，那他就可能持续做这件事，以便继续维持这种美好的感觉。

但，我们得到的感觉其实并不美好。

为了取悦别人而活着，最终必然丧失真正的自己。只有先取悦自己，做最好的自己，然后才能得到他人的喜欢和尊敬。

一位诗人。他写了不少的诗，也有了一定的名气，可是，他还有相当一部分诗却没有发表出来，也无人欣赏。为此，诗人很苦恼。

诗人有位朋友，是位禅师。这天，诗人向禅师说了自己的苦恼。禅师笑了，指着窗外一株茂盛的植物说："你看，那是什么花？"诗人看了一眼植物说："夜来香。"禅师说："对，这夜来香只在夜晚开放，所以大家才叫它夜来香。那你知道，夜来香为什么不在白天开花，而在夜晚开花呢？"诗人看了看禅师，摇了摇头。

禅师笑着说："夜晚开花，并无人注意，它开花，只为取悦自己！"诗人吃了一惊："取悦自己？"禅师笑道："白天开放的花，都是为了引人注目，得到他人的赞赏。而这夜来香，在无人欣赏的情况下，依然开放自己，芳香自己，它只是为了让自己快乐。一个人，难道还不如一株植物？"

禅师看了看诗人又说："许多人，总是把自己快乐的钥匙交给别人，自己所做的一切，都是在做给别人看，让别人来赞赏，仿佛只有这样才能快乐起来。其实，许多时候，我们应该为自己做事。"诗人笑了，他说："我懂了。一个人，不是活给别人看的，而是为自己而活，要做一个有意义的自己。"

禅师笑着点了点头，又说："一个人，只有取悦自己，才能不放弃自己；只要取悦了自己，也就提升了自己；只有取悦了自己，才能影响他人。要知道，夜来香夜晚开放，可我们许多人，却都是枕着它的芳香入梦的啊。"

人，如果总是忙着取悦别人，去为别人的期望而生活，就会忽视自己的生活，忽视自己到底喜欢什么、到底想要什么、到底需要什么。最后，会全然忽视了自己的存在。可是，你拥有自己的人生，这是你的一项权利，你为什么要放弃？你对自我的放弃，能换来的其实只是更多的蔑视和鄙夷。

所以，别老想着取悦别人，你越在乎别人，就越卑微。只有取悦自己，并让别人来取悦你，才会令你更有价值。一辈子不长，记住：对自己好点。

太过顺从，得不到别人的尊重

一个人出门去旅行，走啊走，走的脚都起泡了。腿开始大声向主人抗议："停下来！为什么受累的只有我，你为什么不试试让手走路？""可是手本来就不是用来走路的呀！"主人为难地说，但在腿的坚持下，他只好趴在地上，用手艰难地往前走，不一会儿手就磨破了，手也朝主人发起火来，正在这时，一个骑着马的人从后面赶来，看到走路人的窘状，就说：愿意把马让给走路人骑，但希望走路人送他一条腿，那个人本来坚决不同意，但在手和脚的劝说下，他还是割了一条腿，当然从此以后他再也不能从马上下来走路了。

一个人总要有自己的原则、自己的立场，不能只一味地迁就别人，一点主见也没有。这里的原则既包括办事的方法，也包括日常生活中为人、处事的立场、原则，少了哪个都会给你带来困难，并将影响你的生活。

中国台湾著名作家三毛在美国留学时，曾与几名外国女学生同住在一个宿舍。生来就具有东方女性美德的三毛，为了能够早日融入这个集体，坚持每天早起，将寝室内一切杂务统统揽到手中。

同寝室的几个外国女学生散漫成性，内衣、鞋袜到处乱扔，每日起床连被褥都不整理，便草草化妆，扬长而去。日复一日，三毛俨然已经成了她们的"女佣"。

一次，三毛身体不适，精力憔悴，便没有清扫房间。外国女学生回来以后，看到满屋凌乱，便纷纷对三毛发起了攻击。

三毛终于忍无可忍，将一些原本整齐的物件乱扔出去，口中大喊："我也是前来留学的，不是你们花钱雇来的佣人！我凭什么一定要给你们收拾房间？我做了这么多，你们领情吗？你们难道就不会自己动手整理吗？"

同寝屋的外国女学生呆住了，此后她们再没有将三毛当作"女佣"看待……

为人宽宏，助人为乐，不计得失，自是值得称赞，但凡事都要有个底线。倘若一味迁就，让美德泛滥，就会助长别人的恶习，让他们感觉你"好欺负"。所以有时，我们也需要适当放下无谓的美德。

著名漫画家蔡志忠先生讲过这样一句话："每块木头都是座佛，只要有人去掉多余的部分；每个人都是完美的，只要除掉缺点和瑕疵。"正是如此，每个人都有他自己的长处，为什么非要去迎合别人的口味呢？

没有原则的人还往往禁不住他人的诱惑，什么事情，最初还能遵循自己的原则，但经别人三言两语一劝，马上防线就崩溃了。

佳丽没别的毛病，就是天生的耳根子软，别人说什么她听什么，大家背地里都戏称她为"应声虫"。比如说中午订餐，同事问佳丽吃什么，她犹犹豫豫地想了一会儿说："吃扬州炒饭吧！"同事一听："扬州炒饭有什么好吃的，要鱼香肉丝盖饭吧！"佳丽赶紧点头："行，行，行！"不单生活中这样，工作中也是这样，她从来也提不出什么像样的意见，什么事都听人家的，所以单位里开会时，佳丽永远是坐在角落里发呆的那一个。像她这样，又怎能得到老板的重视呢？

办事没有原则，有时就表现为一味地迁就、顺从别人。由于自己没有立场，所以很容易被他人所诱惑或利用。迁就别人，表面看来是和善之举，但实际上则是软弱的表现。软弱到一定程度，就会逐渐失去自信力，而没有自信力的人是很难成就什么大事业的。

要知道，凡事都要有个度，不能过度，否则就是没有原则。什么事情没有原则，只会带来不良后果，而不会有什么好的结局。

别让热心肠"泛滥成灾"

人与人相处总免不了要互相帮忙，但也不是帮助对方越多越热情就越好，因为很多时候好心好意却不被人理解，反被人误解，李梦就吃过这种亏。

李梦是个热情善良的女孩，毕业后顺利地进入了一家大公司当上了"白领"，她工作认真，人缘也不错，尤其是和她们组里的一个女孩相处得非常好。她们的友情也不断深化，发展到了各自的私交圈子、对方的朋友也都十分熟悉。两人常拉上各自的男朋友一起逛街、郊游、野餐什么的。有时四个人还坐在一起搓麻将，公司里的其他同事都特别羡慕她们。

但这种融洽的关系却在有一天出现了难以弥补的裂痕，起因是公司里新来的副总经理。女孩从见到他第一眼起，就很不自然，副总经理也是，两人坐在那里，并不说话，却有一种微妙的气氛。下班时，女孩突然"消失"了，而平常她们都是一同坐车回家的，即便临时有事，也会先打个招呼。李梦问了门卫大爷，得知女孩是和副总经理一同出去的。

第二天，女孩红肿着眼睛来上班。回家的时候，没等李梦问，她就主动和盘托出：副总经理是她大学时的同学，他们曾经谈过恋爱，后来因为副总经理毕业后去了美国，两人断了往来。副总经理经过一次失败的婚姻，再见女孩，有了和她重温旧情的想法。说着说着，女孩忍不住掉起了眼泪来。

李梦和这个女孩子就这个事情做了亲密的交谈，并劝她想清楚，别伤害了现在的男朋友。但是没想到，自从那次之后，女孩和她渐渐疏远，许是后悔让她知道了这个秘密。终于有一天，她开始在同事间放风，说李梦做事常常偷懒，完不成的任务都要她帮她顶着。李梦觉得委屈极了，自己并没有得罪过她，在她伤心的时候还好心安慰过她，没想到她竟反过来诬陷自己。

人们常说"朋友间要保持点距离"，这是一种很明智的做法，这样做不仅可以保持新鲜感，还可以避免交往过密造成的弊端。和人交往过密，就会对对方知根知底，这样一来万一感情有变，你就会成为重点防范对象。所以对方的隐私、对方的伤心史能不听就别听，更不要滥施你的情感，你同情他，说不定他转眼间就会为自己的一时脆弱而后悔，甚至转而嫉妒你、诬陷你。

姜前程的遭遇比李梦更惨，李梦不过是被诽谤，而姜前程的好心，却差点换来牢狱之灾。

2006 年 3 月姜前程从某国企下岗了，于是他就找了当地的一家汽车加油站上班，他的工作是会计，老板对他相当不错，出纳张某更是拉着他称兄道弟。姜前程对这份工作满意极了，一段时间后，他和张某越来越熟悉，两人常在一起吃吃喝喝，有一次两人在一起洗浴时，张某半开玩笑地说了一句："其实弄点钱是很容易的，你想如果咱哥俩儿联手，那钱还不像流水一样啊！"姜前程当时回了他一句"别开玩笑了！"以后张某没再提起过这件事。但姜前程却起了疑心，有一次他不经意翻了翻以前的账目，发现有不对劲的地方，他考虑了再三，就把张某约了出来，问他到底是怎么回事，并要将这件事告诉老板。张某一听，吓得哭了，他跪在地上求姜前程高抬贵手，并表示将筹点钱，把账补上，姜前程当时心就软了，自己要是现在告诉老板，那张某非得进监狱不可，还是给他个机会吧！一个星期、两个星期……每次催张某，张某就说自己正在筹钱，姜前程正着急时，这边就东窗事发了：老板在年终查账时发现了张某贪污的痕迹，警察带走了正准备举家外逃的张某，还有一脸惊慌的姜前程，因为张某一口咬定姜前程收了他的钱才没检举他。

就这样姜前程又惊又怒又怕地在看守所蹲了 4 天才被放出

来，这场虚惊给了姜前程一个教训：那就是好心也不能随便滥用。

　　生活中，热心肠的人通常人缘好，但热心肠的人往往又更容易上当、受骗、吃亏。因为热心肠的人对谁都没有戒心，总是摆出一副"哪里有难哪有我"的样子，因此常被人抓来利用。比如在这个故事里，姜前程明明知道张某犯的是贪污大罪，还好心地想给他"悔改"的机会，结果张某被抓，就气不过地拉姜前程"垫背"。我们再设想一下，假如张某将钱还上，姜前程帮他将这件事掩饰过去了，日后又会怎么样？刚开始时，张某自然会对姜前程千恩万谢，但过一段时间张某就会忐忑不安起来，担心姜前程把事情说出去。再然后，他就会想办法暗算姜前程，把他踢走，让心里的石头落地。所以说，我们千万不要对一些违反原则的人付出自己的热心，那样做必定也会伤害到你自己。

　　热心帮助别人会使人与人之间的关系更加融洽，但前提是要选对人、分清事，别稀里糊涂地卷进是非中去。

强出头反而惹人生怨气

　　生活中，时常会有人请我们帮忙办事，此时此刻你切不要不假思索地一口应承下来。即使碍于情面，也要冷静一下，让大脑快速地旋转几分钟，掂量一下自己能否办得到、能否办得好，然后再做决定。

你要知道，受各种因素影响，很多事并不是你想做就能做成的。因此，当朋友向我们提出请求时，如果办不成，莫不如老老实实地告诉对方——"我不行"。这样一来，对方可能就会另求他人或是另想他法。但倘若你拉不下脸，随便应承下来，到时又办不成，最后耽误对方的事情不说，更会令你在他人心中的信任度大打折扣。

在工作中，上司、同事偶尔也会对我们有所托付，这时如果你碍于一时的情面，接受自己力不能及的事情，一旦失败，上司、同事就不会考虑到你当初的热忱，只会以这次失败的结果来评价你。

　　某教师毕业后被分到市属中学工作，正赶上市教委要求该校抽调人员对全市的中学进行实地考察，并写出相应调查报告。这位年轻教师还没有被安排授课，因此便选中了他。起初，他感觉很为难——自己刚出校门，不仅对本市教学情况不了解，就是对教育工作本身，也知之尚少，何况自己本就不想参加。无奈，校长已经开口，碍于情面，实在不好拒绝。

　　一个月之后，别人都按分工上交了调查报告，唯有他一个，由于不谙世故，又缺乏经验，对自己分工调查的三所中学连情况都没摸准，更不用说分析了。市教委主任很是恼火，大斥校长不会用人，年轻教师面子上受不了，又气又愧，最后只好以辞职来解脱自己。

这位教师当初为了照顾别人的情面，最终造成自己面子难保，身心都受到了巨大伤害。这对他而言，应该是个很深刻的教训。然而，这对我们来说又何尝不是一种启示呢？如果因为是上司交代的事情、因为害怕他不高兴而勉强应承下来，事若不成，不但他的不悦会升级，而且我们日后的处境也会更加艰难。所以，我们无论做什么，都要量力而行，对于力所不及的事情，要鼓起勇气，巧妙地告诉上司——"这已经超出了我的能力范围"，既要将事情推出去，又不能让上司觉得你缺乏能力，以维护自己在上司心中的价值和地位。

另外，当有人请你代其完成工作时，如同事将自己的分内工作往你身上推，此类情况，都应拒绝。因为，人们在社会舞台上都扮演着不同的角色，每一个人都有自己的责任和义务，可以在力所能及的范围内尽可能帮助他人，但注意不要为此而影响自己的工作。

有些触犯原则和底线的事情，不该做时就不能做，一旦做了，可能就违法、违情、违理，使自己或别人遭受名誉、经济或地位的损害。当有人托你办风险很大的事时，你也绝不能贪图一时之利，而不负责任地答应他、纵容他，一定要慎重考虑可能引起的后果。如果有人想整治别人，编造假的事实，求你出面作伪证，或者有人想让你同他一起干违法乱纪的勾当，如果你不想与其同流合污，就应有勇气拒绝这类触犯原则的要求。

你要记住：我们每个人的能力都是有限的，我们不是"万能胶"！当有人找我们办事时，如果超出了自己的能力范围或触碰到了底线，就要果断地予以拒绝，否则只能是害人害己。

尽量别与低劣的人交往

林肯曾说过一句话："从某种意义上说，你选择了什么样的朋友，便选择了什么样的人生。"就像三国时蜀主刘备，如果当初没有他在桃园与关羽、张飞结为兄弟，又在隆中三顾茅庐选择卧龙诸葛亮，就很难三分天下，建立蜀汉帝业。

一个人选择什么样的朋友，对自己的思想、品德、情操、学识都有很大的影响。俗话说："近朱者赤，近墨者黑。""近贤则聪，近愚则聩。"古人很重视对朋友的选择。孔子曰："君子慎取友也。"品德高尚的人，历来受人推崇，也是人们愿意结交的对象。而品德低劣的人，却常常被人所鄙视，当然也不排除"臭味相投"的"酒肉朋友"。

实际上，每个人不管自觉或不自觉，他们交朋友总是有自己的标准。明代学者苏竣把朋友分为"畏友、密友、昵友、贼友"四类，如此划分便可明白：畏友、密友可以知心、交心，互相帮助并患难与共，是值得深交的；那些互相吹捧、酒肉不分的昵友，口是心非，当面一套，背后一套，有利则来，无利则去，还有可能乘人之危损人利己的贼友，那是无论如何也不能结交的。

法国科学家法拉第说："如果你想了解你的朋友，可以通过一个与他交往的人去了解他。因为一个饮食有节制的人自然不会和一个酒鬼混在一起；一个举止优雅的人不会和一个粗鲁野蛮的人交往；一个洁身自好的人不会和一个荒淫放荡的人做朋友。和一个堕落的人交往，表示自身品位低下，有邪恶倾向，并且必然会把自身的品格导向堕落。"一句西班牙谚语说："和豺狼生活在一起，你也能学会嗥叫。"

即使是和普通的、自私的人交往，也可能是危害极大的，可能会让人感到生活单调、乏味，形成保守、自私的性格，不利于勇敢、刚毅、心胸开阔的品格形成，甚至很快就会变得心胸狭隘，目光短浅，原则性丧失，遇事优柔寡断，安于现状，不思进取。这种精神状况对于想要有所作为的人来说是致命的。

与那些比自己聪明、优秀和经验丰富的人交往，我们或多或少会受到感染和鼓舞，增加生活阅历。我们可以根据他们的生活状况改进自己的生活状况，成为他们智慧的伴侣。

与优秀的人交往，就会从中吸取营养，使自己得到长足的发展；与品格高尚的人生活在一起，你会感到自己也在其中得到了升华，自己的心灵也被他们照亮。

印度传教士马丁的生活，似乎完全是受了一个在初级中学学习时的朋友的影响。

马丁不是一位特别聪明的学生，但他父亲还是决定让他接受大学教育。在剑桥大学里，马丁认识了在初级中学的一位伙伴。

从此以后，这位稍长的学生便成了马丁的指导教师。马丁能够应付自己的学业，但是仍然容易激动，脾气暴躁，偶尔会发泄自己难以抑制的愤怒。但他这位年纪稍大的朋友却情绪稳定，富于耐心。他时时刻刻照顾、指导和劝勉自己这位易怒的同学。他不允许马丁结交邪恶的朋友，劝他认真学习。"这不是要得到别人的称赞，而是为了上帝的荣耀。"这位朋友的影响和帮助使马丁在学业上进步很快，在第二年圣诞节的考试中他便名列年级第一名。

后来，马丁成了一位印度传教士，给了很多人以无私的帮助。

有这样一个故事：

说是一个乡下老人在山里打柴时，拾到一只很小的、样子怪怪的鸟。那只怪鸟和出生刚满月的小鸡一样大小，也许因为它实在太小了，它还不会飞。老人就将这只怪鸟带回家给小孙子玩耍。

老人的小孙子很调皮，他将怪鸟放在小鸡群中养，让它充当母鸡的孩子，让母鸡养育着，母鸡果然没有发现这个异类，全权负起一个母亲的责任。

怪鸟一天天长大了，后来人们发现那只怪鸟竟是一只鹰，但是，由于它在鸡群里混迹太久，竟然再也飞不高了！

这个故事给了我们一个很好的启示，当我们与具有积极的思想、乐观的心态、品德高尚的人做朋友时，成功的机会也就大大增加了。反之，倘若我们与自卑甚至和品德低劣的人交往多了，我们自身也会变得平庸乃至低下。

要拥有志同道合的好朋友

每个人的一生中，都需要很多朋友，更需要几个志同道合的挚友，朋友是我们的人生资源和财富，更会对我们的事业产生极大的帮助。

1999年，在一个叫湖畔花园的小区，16栋三层，18个人在一间破旧的房子里聚在一起开会，马云站在中间讲了整整两个小时，就这样"忽悠"了18个人一起来创业。

当时，在下定离开外经贸EDI回杭州的决心后，马云和跟随着他从杭州到北京打拼的兄弟们说："我近来身体不太好，打算回杭州了。你们可以留在部里，这有外经贸部这棵大树，也有宿舍，在北京的收入也非常不错；你们在互联网混了这么多年，都算是有经验的人，也可以到雅虎去，雅虎刚进入中国，是家特别有钱的公司，工资会很高，每月几万元的工资都有；也可以去刚刚成立的新浪，这几条路都行，我可以推荐。反正我是要回杭州了。"

接着马云又说："你们要是跟我回家二次创业，工资只有500元，办公就在我家那150平方米里，具体做什么还不清楚，我只知道我要做一个全世界最大的商业网站。如何抉择，我给你们三天时间考虑。"

像当年离开中国黄页一样，马云的决定又一次在他的团队里引起轩然大波。所不同的是这次没人哭。大家讨论时，很多人不能理解马云的决定，也有人坚决反对这个决定。不过，5分钟后，所有人都表达了一个共同的意愿——跟着马云回杭州。

1999 年是中国互联网的第一波高峰时期，有经验的互联网从业人员是稀缺资源，很容易找到高薪工作，与 500 元相比，月收入上万元还是很有诱惑力的。至于为什么这些人会一致地选择跟随马云南下，日后马云的一次内部讲话多少能说明一些问题："现在互联网江湖很昏暗，谁也不知道未来是什么样子，这个时候你可以去找一份收入不错的工作，但很可能你几年后还得换地方。现在我们用一支团队的力量在这片江湖里拼杀，十几个人在一起还有什么可怕的，拿着大刀片子往前冲即可。"

财经作家郑作时为此感慨："这一团队和马云之间建立了超越利益之上的联系——既然上万元的月薪都可以放弃，那还有什么力量可以让他们分开呢？"

要做成一件事或成就一番事业，光靠一己之力是绝对不行的，需要团队的力量，也需要同仁、朋友的协助和支持。如果一个人孤独地在社会上生活，身边没有一个能够信赖的朋友，他的事业是肯定不会成功的。马云事业的成功固然与他的睿智与艰苦奋斗分不开，但是，如果没有这些挚友的支持和帮助，马云的成功或许就不会如此辉煌。